GUSTAVE DECHÉZEAUX

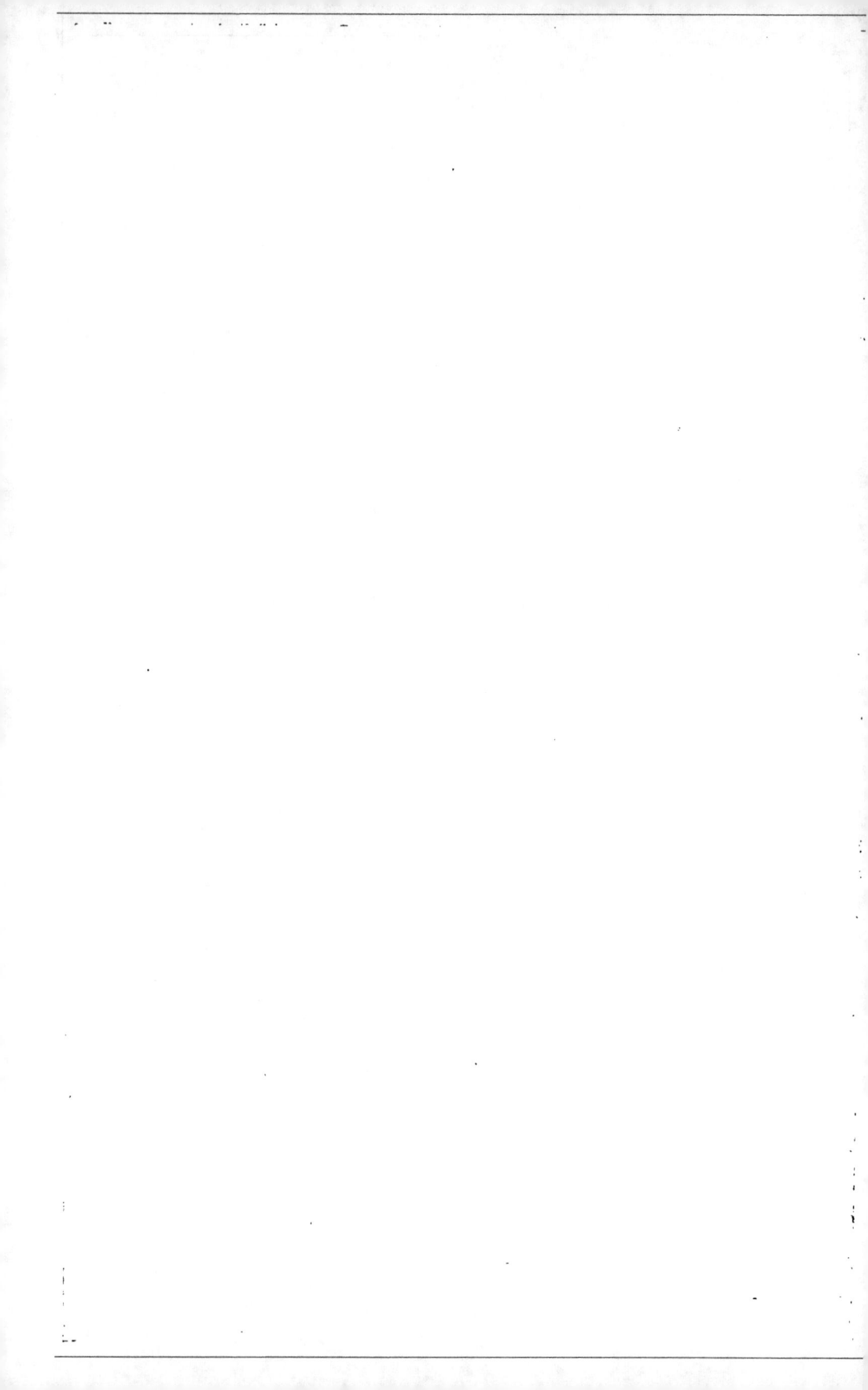

NOTICE BIOGRAPHIQUE

SUR

GUSTAVE DECHÉZEAUX

DÉPUTÉ A LA CONVENTION NATIONALE

PAR

ERNEST CHATONET

LA ROCHELLE

TYP. A. SIRET, PLACE DE L'HOTEL-DE-VILLE, 3

—

1875

NOTICE BIOGRAPHIQUE

SUR

GUSTAVE DECHÉZEAUX

Dans la soirée du 17 janvier 1794 (28 nivôse
an II) une foule compacte couvrait la place de
Rochefort et les poteaux de la guillotine se dres-
saient au-dessus des têtes à la lueur sinistre des
torches. — Un grand crime allait se commettre.
— Ce n'était pas, hélas ! le premier, et le sang
d'un grand nombre de victimes avait déjà rougi
le sol de cette place si gaie et si coquette aujour-
d'hui. * — Mais il y a des nuances dans l'horrible,

* Avant le 28 nivôse 22 personnes avaient été exécutées sur la place
de la Liberté. — Depuis le 28 nivôse, en y comprenant Dechézeaux,
le nombre des victimes s'élève à 26, dont une femme, Jeanne Mar-
chand, veuve de François Landais, âgée de 45 ans.
(Archives du département.)

Aujourd'hui, 9 pluviôse an II, de la République une et indivisible,
par devant nous François-Jean Savigny, membre du Conseil général
de la commune de Rochefort, élu pour recevoir les actes destinés à

et plus le caractère de la victime est noble et les services rendus par elle au pays importants, plus le crime devient monstrueux.

Or, celui qui allait mourir avait su, tant dans sa vie publique que dans son existence privée, s'attirer par la générosité de son cœur et son ardent amour pour la liberté les sympathies de tous les vrais patriotes. — Aussi l'émotion fut-elle grande quand Dechézeaux parut sur la plate-forme de l'échafaud.

Quelques instants après sa tête tombait aux applaudissements des misérables au pouvoir desquels était alors la population honnête de la ville.

Quelles étaient les causes qui donnaient ce soir là à une vie jusqu'alors si bien remplie un si terrible dénouement ? — Un rapide coup-d'œil

constater les naissances, les mariages et les décès des citoyens ; ont comparu : Pierre Bridier, huissier au tribunal révolutionnaire du département, âgé de 28 ans, et Sidney Aubineau, même profession, âgé de 32 ans, demeurant en cette commune, rue de Marat, section du nord, dite de la Fraternité, les quels m'ont déclaré que Gustave Dechézeaux est mort le 28 nivôse dernier, à 7 heures 1/2 du soir, ainsi qu'il appert du procès-verbal que ledit Bridier en a dressé en sa dite qualité, du quel il m'a laissé copie qui demeure jointe au présent. — Extrait du procès-verbal : Il appert que Gustave Dechézeaux, négociant, âgé de 34 ans, et domicilié à la Flotte, île de la République, cy-devant Ré, condamné à la peine de mort par jugement en date de ce jour (28 nivôse an II), a été mis à mort sur la place de la Liberté, de cette commune.

Pour extrait conforme à l'original déposé aux archives du greffe du tribunal.

Signé : BRIDIER, *huissier audiencier.*
(Registre des actes de décès de la commune de Rochefort.)

sur le passé de cette grande victime suffira à les faire connaître.

D'une ancienne famille protestante dont une des branches avait quitté la France lors de la révocation de l'Edit de Nantes, Pierre-Charles-Daniel-Gustave Dechézeaux était né le 8 octobre 1760, à la Flotte (île de Ré), où son père était commerçant. Arrivé à l'âge d'homme il embrassa également la carrière commerciale, et quelque temps après il épousa une jeune fille, sans fortune, qu'il aimait et dont il était aimé, Fanny Vatable.

S'il est des âmes mesquines que le bonheur, comme un soleil trop ardent, dessèche et flétrit, il en est d'autres, au contraire, dont les rayons de ce chaud soleil ne font que hâter l'épanouissement. L'âme de Dechézeaux était de ce nombre, et la joie qui inondait son être, loin de le rendre égoïste, avait décuplé en lui les forces secrètes qui nous portent au bien, et ouvert son âme à toutes les aspirations nobles et généreuses. Aussi, quand éclata la Révolution, l'accueillit-il avec transport. Il avait alors vingt-neuf ans et son esprit était trop bien équilibré pour que l'on pût craindre que son enthousiasme ne lui fît perdre le sens pratique des choses et ne le portât à s'éprendre d'utopies et de chimères.

Tout d'abord son patriotisme n'eut pour théâ-

tre que la petite île où Dieu l'avait fait naître,
pour le préparer peut-être par le spectacle de la
mer et de ses tempêtes aux orages dont sa vie
devait être un jour traversée. Quelque circonscrite
que fût sa sphère d'action il ne s'en dévoua pas
moins tout entier à l'œuvre de régénération
morale qu'il avait entreprise, et attendit que les
événements lui permissent de se faire jour sur
une plus vaste scène.

Nommé, le 1er septembre 1791, premier député
suppléant du département de la Charente-Inférieure à l'Assemblée législative *, il partit pour
Paris au mois d'avril 1792, mais il ne put y
rester aussi longtemps qu'il l'aurait souhaité, et
fut rappelé dans sa commune au commencement
du mois d'août.

Un mois après, le 6 septembre, au matin, il
était nommé par l'assemblée électorale de la
Rochelle député à la Convention nationale. **
Les divisions qui devaient déchirer cette Assemblée se dessinèrent dès ses premières séances et
la lutte ne tarda pas à s'engager entre les partis.
— Lutte parfois terrible et dont la seule pensée
épouvante. — Montagnards et Girondins se je-

* Il avait failli être nommé député titulaire. — Mais, après un
scrutin de ballotage entre lui et le Sr Gilbert des Aubineaux, ce dernier l'avait emporté.
** Sur onze députés à élire il fut nommé le septième.

taient mutuellement à la face des calomnies où souvent l'odieux le disputait à l'absurde ; les injures, les dénonciations, les menaces se croisaient dans l'air. — Que l'on joigne par la pensée au tumulte effroyable de l'Assemblée les hurlements des tribunes, intervenant dans le débat et applaudissant ou sifflant les acteurs du drame qui se déroulait dans la salle des séances, et l'on comprendra sans peine le douloureux étonnement que dut éprouver Dechézeaux.

Écoutons-le plutôt :

« A peine arrivé à la Convention, écrit-il, je ne tardai pas à m'apercevoir que le germe de la division existait déjà parmi nous, mais à mesure que j'en acquérais la certitude il s'y joignait des circonstances qui, en aggravant la douleur que j'éprouvais des maux qui en résulteraient pour la République, augmentaient mon étonnement, fortifiaient mon indécision et me rendaient d'autant plus défiant, soupçonneux et éloigné de former aucune liaison. (Au lieu de ce dernier membre de phrase il avait mis « *craintif.* » — Il biffa ce mot, craignant sans doute qu'il fût mal interprêté.) — Je ne pouvais comprendre, ajoute-t-il, comment des hommes qui, jusqu'alors avaient joui également d'une grande popularité et d'une réputation de patriotisme établie par leur conduite et les principes qu'ils avaient professés depuis le commencement de la révolution, comment des hommes qui avaient combattu ensemble le despotisme et l'aristocratie et qui paraissaient également avoir à en craindre le retour et les coups, se trouvaient tout-à-coup opposés les uns aux autres et à la tête de partis dont l'animosité se signalait déjà et ne fit que croître jusqu'au 31 mai. »

Il écrivait dans une autre partie de son plaidoyer :

« La Convention nationale, la France, l'Europe entière ont retenti des mots de Brissotins, Rollandins, Girondins, Maratistes... J'ai vu avec douleur cette lutte d'opinions dater de l'origine même de la Convention nationale, et dès lors je me promis de n'appartenir qu'à ma conscience, préférant une erreur de bonne foi à la bassesse de dépendre sans raisonnement de l'opinion d'autrui. — Je blâmais l'entêtement, l'amour-propre des uns, mais ne pouvais adopter toujours les moyens qu'employaient les autres. — C'est ainsi que je me tins toujours à l'écart, éloigné, isolé et des hommes et des partis. »

Se défiant de lui-même et craignant que les amitiés qu'il pourrait contracter n'enchaînassent dans une certaine mesure sa liberté, il préféra s'imposer le sacrifice de ne former aucune liaison intime avec les hommes influents d'alors. Ample dédommagement! il avait auprès de lui sa famille, et quand il revenait de la Convention le cœur gonflé d'amertume, l'âme en fièvre et le front brûlant, il était sûr au moins de trouver au retour de francs sourires et de longs baisers. — C'était pour lui comme autant d'*embellies* au milieu de la tourmente révolutionnaire. Aussi en profitait-il le plus qu'il pouvait :

« Je ne sortais d'avec ma famille, dit-il dans son plaidoyer, que pour aller à la Convention et au comité des finances dont j'avais été d'abord suppléant, de correspondance et de commerce dont j'ai été successivement membre, et de défense générale lorsque les séances en étaient publiques. »

Si de cruelles déceptions l'attendaient à la Convention, il lui était réservé d'y éprouver une grande joie. Le 22 septembre la République était proclamée !

Animé dès les premiers jours de la Révolution de convictions républicaines et croyant, dès 1789, contrairement à l'opinion de la plupart des hommes politiques de cette époque, que la République seule pouvait assurer le bonheur de ses concitoyens, il applaudit sans réserves au décret de la Convention qui abolissait la royauté. Mais autant ce décret lui paraissait logique dans l'état actuel des choses, autant il fut loin d'approuver les débats qui précédèrent le jugement de Louis XVI.

Comme on le sait, la question du jugement du roi avait donné naissance à trois partis parfaitement distincts : — les uns, tout en considérant

Louis comme coupable, soutenaient qu'il ne pouvait être jugé et invoquaient à l'appui de leur opinion l'inviolabilité dont il était couvert; — les autres prétendaient qu'inviolable comme roi il ne l'était plus comme particulier et qu'à ce titre il pouvait être jugé, ajoutant qu'il le devait être par la Convention et sans que les procédures des autres tribunaux fussent suivies; — les troisièmes enfin étaient d'avis, avec Saint-Just, que l'on ne devait pas considérer Louis XVI comme un accusé ordinaire mais comme un ennemi, qu'on avait moins à le juger qu'à le combattre, et que les lenteurs et le recueillement seraient dans une semblable affaire de véritables imprudences.

Dechézeaux ne partageait aucune de ces trois opinions. — Il n'admettait pas que l'inviolabilité constitutionnelle pût s'appliquer aux actes reprochés à Louis XVI, mais sa conscience droite et honnête répugnait également à un coup d'Etat.

Pour lui, Louis XVI devait être jugé, mais après que toutes les formes qui servent de garanties aux accusés auraient été strictement observées. Il attachait de plus un prix immense à ce que l'on donnât au procès la plus grande solennité et, pensant que l'on pourrait par ce moyen hâter l'avénement de la République universelle, il désirait que le compte-rendu des débats fût traduit dans toutes les langues de l'Europe, de façon à ce que les nations étrangères pussent y trouver, pour me servir de ses propres expressions, « la marche qu'elles vont avoir bientôt à suivre lors du jugement terrible que tous les peuples vont prononcer contre leurs tyrans. » Aussi, fut-il indigné quand il vit qu'après avoir décidé que le rapport du Comité de législation sur le jugement du roi serait envoyé aux quatre-vingt-trois départements et traduit dans toutes les langues, la Convention revenait sur cette décision et rapportait son décret.

Il ne le fut pas moins de voir l'Assemblée employer tout un mois (du 6 novembre au 7 décembre) à discuter l'inviolabilité de Louis XVI et, se rejetant dans l'excès contraire, décider que l'acte énonciatif des crimes de Louis serait présenté le lundi 10 décembre et discuté dans la même séance; que la série des questions à lui faire serait présentée par la commission des 21, le lendemain ; que le même jour Louis serait traduit à la barre, pour entendre la lecture de cet acte et répondre aux questions, et que le président l'ajournerait à deux jours pour être entendu définitivement; — qu'enfin le lendemain de cette comparution à la barre, la Convention nationale prononcerait sur son sort, par appel nominal.

Cette précipitation souleva dans l'âme de Dechézeaux une généreuse colère et il prononça à
cette occasion un discours dont j'extrais les passages suivants :

« Que peut-il résulter, disait-il, de dispositions prises
avec une telle précipitation ?... Beaucoup de mal et pas le
moindre bien. Si le décret est maintenu, la Convention
nationale commet un acte que réprouvent également la
justice, l'humanité et la politique même si rarement
d'accord avec elles... Nous avons annoncé à l'Europe
entière que nous lui communiquerions les pièces de cet
important procès, et le peuple ne les a pas et nous ne
les avons pas nous-mêmes !... Nous sommes convenus de
donner à ces débats le caractère du calme et de l'impas-
sibilité dont s'environnent les juges pénétrés de la sainteté
de leurs devoirs, et qui veulent que leurs jugements
soient sanctionnés non par cette opinion publique, qui
n'est souvent que le résultat factice de certaines influences,
mais par cette opinion universelle de tous les peuples et
de tous les temps, et c'est dans quatre jours que vous
voulez que Louis Capet soit traduit à la barre, accusé,
entendu et jugé. Législateurs ! quels sont donc les motifs
puissants qui peuvent ainsi vous faire oublier jusqu'aux
premiers éléments de la justice ? — Si Louis Capet n'est
qu'un criminel ordinaire, vous ne pouvez lui refuser ce
que la loi accorde aux autres ; si la mesure de ses forfaits
est celle de l'importance de son jugement, certes il n'en
est pas où vous deviez mettre plus de réflexion et d'impartialité ! Citoyens législateurs ! il est des circonstances
où la nécessité impérieuse du salut public, faisant taire et

la voix de la justice et les accents de l'humanité, demande du sang..., alors il faut qu'il coule à l'instant, puisque la patrie l'exige. Mais, dites-moi, sommes-nous dans cette position affreuse où il faille, pour sauver la République naissante, pour assurer la liberté en danger, assassiner quelques jours plus tôt celui dont la somme des forfaits est telle, que vous n'avez qu'à choisir parmi tous les crimes dont il est chargé ceux qui doivent motiver son jugement et faire tomber sur sa tête le glaive vengeur des lois. »

Il termine ainsi :

« Je devais à mes concitoyens, à la République qui exige le tribut de nos pensées, je me devais à moi-même qui veux que mes actions soient toujours les conséquences raisonnées de mes principes, sans qu'elles puissent être déterminées par aucune influence étrangère à ma conviction morale ; je devais, dis-je, déclarer, la veille de la comparution de Louis XVI à la barre de la Convention, que, convaincu de ses crimes, de la justice de l'en punir par la peine capitale, mais voulant, en prononçant son arrêt de mort, ne faire qu'appliquer la peine à un délit légalement prouvé, je ne le prononcerai pas si toutes les formes sont violées et si les obligations que les principes du droit naturel, chez tous les peuples et en tous les temps, imposent aux juges sont méconnues ! »

Cette protestation éloquente ne parvint à Rochefort que le 21 décembre et, le soir même, le président de la société des Amis de la Liberté et de l'Égalité en fit donner lecture par l'un des secrétaires. La société populaire de Rochefort était alors dirigée par un homme qui, bien qu'absent de la ville, n'en exerçait pas moins sur la population une influence funeste : le citoyen Joseph Niou, ingénieur de la marine. — Après avoir été maire de Rochefort de 1790 à 1791 et avoir fait partie de l'Assemblée législative, il venait d'être réélu député à la Convention et adressait, chaque semaine, à la société populaire des bulletins animés de l'esprit de la Montagne dont il était l'un des plus violents représentants. Ses lettres, lues au début des séances et écoutées avec un religieux respect comme autant d'oracles, n'étaient que l'écho des opinions de Saint-Just et de Robespierre sur la nécessité d'en finir au plus tôt avec le tyran et de le traiter non en accusé mais en ennemi. Aussi, la lecture du discours de Dechézeaux souleva-t-elle au sein de l'assemblée une véritable tempête et fut-il décidé que ce discours serait brûlé publiquement et que l'on écrirait à Dechézeaux pour l'informer qu'il avait perdu la confiance de la société. * Suite fut donnée à cette décision : —

---

* Il avait été également décidé qu'avant de brûler le discours de Dechézeaux on en prendrait des copies et qu'elles seraient envoyées à Niou, à Carra et aux sociétés affiliées du département, avec copie de l'arrêté. (*Registres des procès-verbaux de la société.*)
(*Archives de la commune de Rochefort.*)

l'exemplaire du discours que Dechézeaux avait adressé à la société populaire fut livré aux flammes, la lettre fut écrite. Je la cite textuellement :

« Citoyen, nous avons reçu l'exemplaire de votre discours sur Louis Capet, nous en avons pris lecture et nous nous sommes indignés qu'un député de notre département, que nous avions lieu de croire dans les bons principes et imprégné de toutes les vertus républicaines, ne fût qu'un lâche partisan de la royauté. Vous paraissez, il est vrai, désirer la mort de l'infâme Louis, ou plutôt vous pensez que, s'il mérite de tomber sous le glaive des lois, on doit employer des formes interminables de la chicane et donner par un délai illimité le temps aux agitateurs, aux agents des puissances étrangères et aux factieux qui s'annoncent de toutes parts de diviser les esprits, d'occasionner des troubles et de faire diversion au procès de Louis, afin de le soustraire à la mort qu'il a justement méritée. Comme cette maxime n'est pas celle que nous professons, comme elle est opposée à celle de la saine partie de l'Empire, nous avons brûlé publiquement votre discours qui ne nous a paru qu'un misérable palliatif des crimes de Louis et qu'une opinion dangereuse capable d'apitoyer la portion crédule du peuple sur le sort du tyran que la massue nationale aurait déjà dû réduire en poudre. Nous vous prévenons aussi que vous avez perdu la confiance de notre société, que nous vous regardons comme un homme indigne du titre auguste et sacré de législateur et que nous écrivons aux sociétés de notre département pour leur faire part de notre arrêté à votre sujet. Si le

2

monstre qui a fait couler le sang des Français, qui a enfoncé le couteau dans le cœur des citoyens et qui est le principal auteur de la guerre sanglante et cruelle que nous avons avec les cannibales qu'il a déchaînés contre nous, si ce monstre, disons-nous, vous paraît digne de pitié, vous êtes vous-même un scélérat digne de la mort, et nous vous confondons avec tous ceux qui doivent être précipités du roc Tarpéïen au grand jour des vengeances du peuple que vous aurez appelées sur votre tête.

» Au nom de la société des Amis de la Liberté et de l'Égalité séant à Rochefort.

» *Les Membres du Comité de correspondance.* »

Dechézeaux n'était pas homme à courber la tête devant une telle injustice, à rester muet devant une pareille insulte, et, sous l'empire de son indignation, il adressa aux membres de la société populaire de Rochefort cette admirable réponse :

« Hommes injustes ou égarés, qui m'accusez de trahison nationale, qui me dévouez à la mort, qui me menacez du grand jour des vengeances du peuple parce que, le 10 décembre, j'écrivais que le salut public n'exigeait pas qu'en violant toutes les formes on condamnât précipitamment le tyran dont la tête pouvait tomber quelques jours après sous le glaive vengeur des lois ; oui, le peuple est là et c'est à lui que j'en appelle, non pour provoquer sa juste colère sur ceux qui l'agitent sans cesse pour le rendre avide de sang et de pillage comme eux; non pour exciter sa vengeance légitime sur ceux qui l'arrachent à ses occupations paisibles, à ses devoirs journaliers, pour lui souffler d'une bouche impure le germe désorganisateur des projets criminellement insensés sur lesquels ils bâtissent le système de leur élévation ; non pour faire tomber les effets terribles de son désespoir sur ceux à qui il reprochera peut-être un jour de lui avoir fait sacrifier ses meilleurs amis, ses plus ardents défenseurs sur de légers soupçons ; de l'avoir livré au déchirement des factions, quand pour sauver la patrie il ne fallait que se réunir et marcher à l'ennemi, mais seulement pour qu'il appose sur le front de tous les calomniateurs, sur celui de tous les charlatans en patriotisme le sceau de l'opprobre et du mépris ; c'est la seule vengeance digne de lui : j'y dévoue mes ennemis. »

Pendant que Dechézeaux était en butte à ces injustes attaques, le procès de Louis XVI suivait son cours. — La Convention, revenant sur sa décision, avait consenti à ce qu'il fût assisté de défenseurs. Aussi, quand on en vint à l'appel nominal, Dechézeaux ne s'abstint-il pas, ainsi qu'il s'était promis de le faire, mais, prononçant non comme juge mais comme législateur et mû par des considérations politiques auxquelles pouvaient être liées les destinées de la République, vota-t-il pour la détention. — Il n'en rejeta pas moins cependant l'appel au peuple, et voici les motifs qui le portèrent à voter ainsi :

« J'ai pensé, dit-il, que les assemblées primaires seraient orageuses, tumultueuses, travaillées en sens contraire par les agents des partis opposés et j'ai craint pour elles l'exemple funeste que la Convention leur en a donné par les convulsions violentes qui n'ont cessé de l'agiter. J'ai cru voir mes concitoyens divisés entre eux, leur sang couler pour fixer le supplice de celui qui en a déjà tant fait verser. J'ai cru voir la guerre civile naître du sein de nos dissensions, et nos ennemis, en tressaillant de joie, compter déjà sur notre ruine. Une nouvelle scène s'est présentée à mon imagination profondément troublée : j'ai cru voir les citoyens courageux qui habitent nos frontières, qui ont déjà tant souffert des calamités de la guerre, j'ai cru les voir dans cette cruelle alternative de n'oser émettre leurs vœux ou d'être exposés à toutes les fureurs des satellites des despotes que nous combattons. Alors, saisi d'effroi à l'image de tant de maux prêts à déchirer ma patrie, je me suis écrié : Que la responsabilité tout entière en pèse sur ma tête, mais que mes concitoyens libres de toutes craintes se réunissent et qu'ils redoublent de zèle et d'énergie pour finir la lutte qui doit faire triompher la liberté. »

Le double vote que je viens de rappeler suffit à donner une idée exacte de l'homme et à mettre en relief l'indépendance de son caractère. Un nouveau trait le fera mieux connaître. — Il avait, ai-je besoin de le dire, Marat en horreur profonde. Aussi semble-t-il que, lorsque dans sa séance du 14 avril 1793 la Convention fut appelée à décider sur la mise en accusation de ce forcené, il aurait dû s'empresser d'autoriser les poursuites. — Et

pourtant il n'en fit rien. Marat n'avait pas été
entendu, la discussion n'avait pas été contradic-
toire ; aussi, oubliant ses répugnances et les griefs
personnels qu'il pouvait avoir contre lui, Dechè-
zeaux ne se souvint-il que du principe qui défend
au juge de condamner l'accusé sans l'entendre et
préféra-t-il s'abstenir. — Je ne sais si je me fais
illusion, mais je trouve dans l'attitude prise alors
par Dechézeaux une réelle grandeur. Car il est
impossible d'admettre que la frayeur qu'inspirait
Marat l'ait porté à ne pas prendre part au vote.
Le courage qu'il devait déployer après les journées des 31 mai, 1er et 2 juin en est la meilleure
preuve. — Mais Dechézeaux n'avait pas encore
donné la juste mesure de sa valeur morale. — Il
fallait pour l'amener à le faire la catastrophe dont
je parlais il n'y a qu'un instant. — Je ne puis, on
le comprendra sans peine, retracer ici l'histoire
des événements qui précipitèrent la chûte des
Girondins. Les moindres détails de ces trois
journées sont d'ailleurs connus de tous, et je
préfère céder la parole à un témoin oculaire, à
Dechézeaux :

« Les événements du 31 mai, 1er et 2 juin, écrit-il, se
préparaient déjà. Les agitations, les mouvements qui les
précédèrent commencèrent dès les premiers jours du mois,
autant que je me le rappelle. — On créa une commission

de douze membres pour la recherche des complots dénoncés à la Convention. — Je ne concourus pas à la
formation de cette commission. * L'agitation augmentait,
les rapports se multipliaient et se croisaient en tous sens,
sans que ceux qui, comme moi, étaient étrangers à ce
qui se préparait pussent en juger autrement que par les
rapports officiels qu'ils entendaient à la Convention, comparés avec les événements eux-mêmes !..... — L'orage
grondait, — il allait éclater. Je n'eus qu'une pensée, je
ne songeai qu'à une mesure : me rendre à la Convention,
rester à mon poste et y attendre tous les événements. Je
le dis aux divers citoyens députés de la Rochelle qui se
trouvaient alors à Paris, je leur dis encore qu'ils allaient
être témoins de ces événements, qu'ils le seraient de ma
conduite, et que, dans le compte que j'en rendrais à mes
commettants, je les appellerais en témoignage de la vérité
de mon rapport. C'était le 29 ou le 30 mai, je crois, que
je leur parlais ainsi, et je pris cette résolution parce que
je croyais devoir rompre le silence dans ces circonstances
importantes qui pouvaient influer sur le sort de la République. »

Il se tint parole et, sous l'empire de l'émotion
que lui avaient fait éprouver les scènes déplorables
dont il venait d'être le témoin, il écrivit, dans la
nuit du 2 au 3 juin, à ses commettants une lettre
dans laquelle il les mettait au courant des événement qui venaient de s'accomplir. — Après

---

* Dans un autre passage il blâme l'usage qu'elle fit alors de ses
pouvoirs.

avoir exposé à quelles violences les représentants
avaient été en butte, signalé l'alliance existant
entre les instigateurs du mouvement et les autorités constituées de Paris et mis en relief l'attitude
équivoque du maire et du ministre de l'intérieur
Garat, il ajoutait :

« Tels sont les faits dont je dois rendre compte à mes
commettants, telle est la vérité tout entière qu'il faut que
les départements sachent pour prononcer et sur leurs représentants et sur les moyens à prendre pour que la liberté
et l'avenir de la République ne dépendent plus de quelques
hommes, mais de la volonté nationale, toujours grande,
toujours juste quand elle est exprimée librement. Quant à
moi et relativement à mes opinions particulières, à ma
conduite privée dont je crois également devoir rendre
compte à mes commettants, je déclare... que, par les
mêmes principes qui m'ont fait voter contre le décret d'accusation de Marat, j'ai voté contre l'arrestation des divers
députés dénoncés, que j'ai voté également contre toutes les
mesures arrachées par la force, par la crainte et surtout
par un parti dominant qui a abusé de cette supériorité
dont l'usage inconsidéré et dans des mains infidèles peut
perdre la chose publique et donner à l'Europe entière des
fers qu'un siècle de combats et des millions d'hommes
sacrifiés ne rompront peut-être pas.

» Je déclare qu'étranger à toutes factions, servant mon
pays parce que je l'aime, parce que c'est un devoir, j'ai
toujours été à mon poste et que j'y suis resté quand un
certain nombre de membres, emportés par un sentiment
inconsidéré auquel le regret a succédé bientôt, sont sortis

et ont parlé de se réfugier parmi les citoyens armés. C'est
à la Convention que le législateur français, appelé à donner
à la République la Constitution, doit mourir avec courage
s'il ne peut vivre avec honneur ! »

Il terminait ainsi sa lettre :

« Citoyens de la Charente-Inférieure, vous avez des
compatriotes à Paris ; ils ont été témoins de l'état d'avilis-
sement où la représentation nationale a été mise, je les
adjure de vous dire si la vérité n'a pas présidé à mon
récit. Je ne sais si cette déclaration, dont je dépose l'original sur le bureau de la Convention, vous parviendra
dans le terme ordinaire, car, au nombre des mesures prises
par les autorités nouvelles qui commandent à Paris, est
celle de l'ouverture de toutes les lettres. Mais, quels que
soient les moyens que l'on emploie, je saurai les déjouer.
La vérité, semblable au feu qui pénètre partout, pénétrera
aussi dans les départements. »

S'il fallait une certaine force d'âme pour écrire
dans des termes semblables, au lendemain d'événements de la nature de ceux dont Paris venait
d'être le théâtre, il fallait un véritable courage
pour adresser aux membres du comité de sûreté
générale, à quelques semaines de là (30 juin), la
lettre suivante :

« J'apprends, citoyens, que dans un rapport que vous
avez présenté ce matin à la Convention nationale vous
lui avez proposé l'arrestation des députés de l'Aisne, qui

ont osé envoyer à leurs commettants le récit des événements des 31 mai, 1er et 2 juin ; et moi aussi j'ai tracé
le précis de ces journées trop fameuses, dont le souvenir
se perpétuera d'âge en âge comme celui de ces grandes
calamités qui ont frappé toute une contrée ; et moi aussi
je l'ai envoyé à mes commettants. — En voici un exemplaire, signé de moi, pour que vous n'en doutiez pas.
Si c'est un crime, je ne veux pas échapper à sa punition ;
je veux que la responsabilité en pèse tout entière sur ma
tête ; si c'est une persécution, je veux être persécuté
aussi ; car la persécution du crime honore le courage et
l'innocence de l'homme de bien. Frappez, si vous l'osez. »

G. Dechézeaux.

Cette courageuse et noble lettre aurait pu avoir
immédiatement pour son auteur les conséquences
les plus funestes si la Convention n'avait passé à
l'ordre du jour sur la proposition du comité de
sûreté générale. — La demande d'arrestation for-
mulée par le comité ayant été écartée, l'affaire en
resta là et fut momentanément oubliée. Mais la
haine et l'envie veillaient dans l'ombre.

Dechézeaux, ai-je besoin de le dire, avait des
ennemis. Un des plus acharnés était un sieur
Joseph-Augustin Crassous, * commissaire natio-

---

* Il a existé à la Rochelle deux notaires de ce nom : le premier
Joseph Crassous de Médeuil, a été notaire de 1739 à 1778, le second,
Michel-Charles, de 1778 à 1785. — J'ai trouvé de plus, dans le
numéro du *Journal Rochelois* du 18 juillet 1792, l'avis suivant : « Les
enfants de feu M. Crassous, vivant, notaire et procureur, à la Rochelle,

nal près le tribunal du district de la Rochelle,
ennemi d'autant plus redoutable qu'il cachait sa
haine sous d'hypocrites protestations d'amitié.
Lorsqu'il était venu à Paris, à la fin du mois
de mai, il était presque constamment avec Dechézeaux qui ne se défiait alors en aucune façon
de lui. — Quelles étaient les causes de sa haine ?
je ne pourrais dire. Toutefois, il ne me paraît pas
impossible que la jalousie ait été le mobile des
sentiments mauvais qu'il nourrissait : Lors des
assemblées électorales, Crassous n'avait pu être
nommé que troisième député suppléant à la
Convention, alors que Dechézeaux, sur onze
députés à élire, avait été nommé le septième. —
Ce n'est là, je l'avoue, qu'une supposition gra-
tuite ; mais quels qu'aient pu être d'ailleurs les
motifs qui le portaient à haïr Dechézeaux, toujours est-il qu'il avait pour lui une haine mortelle
et qu'il fit ce qu'il put pour le perdre.

Jusqu'au 31 mai l'entreprise était impossible.
— Dechézeaux était trop aimé à la Rochelle et
dans l'île de Ré, et il avait dans le monde des
honnêtes gens une réputation de patriotisme trop
bien établie pour que Crassous pût lui nuire.

prient tous ceux qui sont débiteurs à sa succession, qui peuvent avoir
des comptes à régler et des papiers à retirer, de vouloir bien se présenter dans la quinzaine. »
(S'adresser à MM. Crassous et Plessis.)

Mais ce qui paraissait irréalisable alors pouvait un jour devenir possible. La haine chez certains homme est froide et patiente, et, comme l'araignée la mouche, Crassous attendait sa victime.

Son attente ne fut pas de longue durée. La révolution du 31 mai jeta Dechézeaux dans ses toiles. Aussi, quand la ferme et loyale déclaration qu'il avait adressée à ses commettants arriva à la Rochelle, Crassous s'en empara-t-il avec joie et courut-il à la société populaire dénoncer celui qui, selon toute probabilité, l'avait reçu à sa table quelques jours avant. Il n'en écrivit pas moins à Dechézeaux une lettre presque affectueuse à la fin de laquelle il l'assure de son attachement. Dans cette lettre il l'entretient de l'effet déplorable que sa déclaration a produit à la Rochelle. « Les » faux patriotes s'en sont emparés, dit-il. Ils » approuvent hautement l'idée de marcher sur » Paris, et, s'il était en leur pouvoir, ils la feraient » réaliser. Croyez, ajoute Crassous, qu'ils auraient » soin que cette armée ne reçût pas dans son » sein des sans-culottes : ce serait une superbe » armée de négociants, d'administrateurs, de » riches qui auraient grande envie dans leur » marche d'aller au moins jusqu'à empêcher » l'emprunt forcé d'un milliard. » — Il termine en lui tendant un piège. Il l'engage douçereusement à détruire la fausse impression que son récit a produite et à démontrer la nécessité de se rallier à la Convention, espérant que l'injustice de cet insidieux conseil le pousserait à se compromettre davantage. Ses prévisions se réalisèrent. — Dechézeaux lui répondit et fit imprimer la lettre de Crassous et sa réponse.

« Si la lettre de Crassous avait été réellement confidentielle, dit Dechézeaux dans une note manuscrite jointe à la brochure que j'ai en mains, je n'aurais pas balancé à lui répondre de même, mais je ne pouvais douter que son improbation avait eu le plus grand éclat à la Société Populaire. Un papier public donnait l'extrait d'une lettre de la Rochelle, où j'étais dénoncé. — Mon silence pouvait me compromettre, parce que les aristocrates de toute espèce pouvaient s'en prévaloir en donnant une fausse interprétation à ce que j'avais dit. Je pensais que, si comme moi il était sûr de ses intentions, il n'avait rien à craindre de la publicité de sa lettre à laquelle je livrais également ma réponse, afin que le doute disparût et que nos concitoyens pussent nous juger. »

Je connais peu de pages plus éloquentes que quelques-unes de celles que l'indignation inspira à Dechézeaux dans la réponse qu'il adressa à Crassous, peu de pages qui justifient mieux ces paroles du P. Gratry : « Pour écrire il ne faut » pas seulement sa présence d'esprit, il faut

» encore sa présence d'âme, il faut son cœur, il
» faut l'homme tout entier. » Aussi, éprouvé-je
un vif regret de ne pouvoir citer *in extenso* cette
remarquable lettre. — Répondant au passage de
celle de Crassous relatif à la marche sur Paris
d'une superbe armée de négociants, d'administrateurs et de riches, il s'exprime ainsi :

« Je vous le répète avec franchise et sans crainte parce
que je suis sans reproches, vous calomniez vos concitoyens, vous aiguisez les poignards de la discorde, vous
animez toutes les passions, et, loin de les faire tourner
au profit de la chose publique, c'est à sa ruine que vous
les faites conspirer.... Je vais vous dire, moi, ce que les
Rochelais vous diront, ce qu'ils ont pu déjà vous répondre, si vous leur avez dit ce que vous m'écrivez : Pourquoi
ces distinctions toujours reproduites avec affectation de
riches, de négociants, de sans-culottes, qui semblent rappeler les institutions féodales que nous avons détruites ?
Ne sommes-nous pas tous républicains, frères, égaux en
droit ? La loi n'est-elle pas égale pour tous, soit qu'elle
frappe ou qu'elle protège ? — Quand les premiers bataillons de volontaires sont sortis des murs de la Rochelle,
quand de nouvelles recrues leur ont été successivement
envoyées, quand les Rochelais se sont levés simultanément et qu'aux cris de la Patrie appelant à elle tous ses
enfants ils ont excédé leurs contingents, ils ont, pour la
troisième fois et au moment même où le commerce ruiné
par les événements de Saint-Domingue était sans moyens,
fait une nouvelle offrande de 60 à 80,000 livres, quand ils

ont été dignes enfin que la Convention nationale , exprimant la reconnaissance publique , décrétât qu'ils avaient bien mérité de la Patrie, quels sont ceux qui ont abandonné leurs foyers pour voler aux frontières ? Quels sont ceux qui ont été enrichir l'autel de la Patrie des dépouilles du luxe et des sacrifices de l'amour-propre et de la vanité ? Sont-ce les riches seuls ? Non. — Sont-ce les administrateurs seuls ? Non. — Sont-ce les négociants seuls ? Non. — Sont-ce les sans-culottes seuls ? Non. Ce sont tous les citoyens , tous les citoyens riches et pauvres , négociants et ouvriers, tous indistinctement, — ce sont les Rochelais en masse !... Quand le tocsin de la guerre civile a sonné dans la Vendée , quand il a fallu que de nouveaux bataillons sortissent des murs de la Rochelle , quels sont ceux qui se sont présentés les premiers et que le patriotisme a appelés en Vendée avant que les réquisitions leur eussent fait un devoir de s'y rendre ? Sont-ce les uns plutôt que les autres ? Non. — Tous y ont couru avec une égale ardeur et les regrets ont été le partage de ceux qui n'ont pu partir... Et puisqu'il faut se la rappeler cette journée malheureuse dans laquelle Marcé sacrifia son armée , quelles furent les victimes de la ruse des brigands et des événements du sort ? N'y comptez-vous pas de ceux que vous appelez riches et que vous semblez désigner comme de mauvais citoyens ? — N'y comptez-vous pas des négociants , des citoyens de toutes les classes , qu'il faut également honorer puisqu'ils combattaient tous pour la liberté. — Quelle est donc cette prévention injuste qui vous anime, qui fait que vous semblez ne pas vouloir que le patriotisme soit également le partage de tous ? Ah ! plutôt, que n'allez-vous mêler vos larmes à celles que la

tendresse, que la reconnaissance donnent à leur souvenir !
Vous ne seriez plus animé alors que du désir d'unir tous
les citoyens au lieu de les animer les uns contre les autres.
Vous diriez au riche : Ta fortune est à la Patrie. Partage
avec elle si tu veux être libre ! Sois humain, compatis-
sant, donne à on frère moins fortuné, tu en auras toujours assez avec la liberté ! — Vous diriez au pauvre : Du
courage ! de la persévérance ! la liberté ne se gagne pas
sans combats, c'est avec l'or qu'on la perd ; c'est avec le
fer qu'on l'arrache à la tyrannie ; mais gardez la force et
la terreur que déploie et qu'inspire le patriotisme, gardez-
les pour nos ennemis ; protégez, défendez les propriétés
contre les brigandages des scélérats qui se mêlent parmi
vous. Faites exécuter la loi qui est votre ouvrage, respectez
vos magistrats qui sont ses organes...— Vous leur diriez à
tous et indistinctement : Unissez-vous, pressez-vous tous,
confondez vos sentiments dans celui de l'amour de la
Patrie, allez jurer sur son autel fraternité, union jusqu'à
la mort, guerre aux tyrans, mépris aux intriguants et aux
agitateurs. — La République est sauvée !...

» J'approuve, dit-il plus loin, je partage la douleur que
vous font ressentir les manœuvres des mauvais citoyens qui
pervertissent ainsi le sens et le but de ma déclaration. Il
faut articuler les griefs que vous avez à leur charge, il faut
monter avec eux au tribunal, et là, les écrasant du poids
des preuves que vous avez à leur produire, vous les cou-
vrirez de mépris si le peuple est assez généreux pour ne
pas en tirer une autre vengeance. C'est ainsi qu'à Rome
Cicéron dénonçait Catilina. C'est ainsi qu'un républicain
français doit accuser, combattre et poursuivre ses ennemis ;
c'est ainsi que vous agirez sans doute si vous abhorrez

autant que moi ce système malheureusement trop suivi de dénonciations sans preuves, d'accusations sans crimes et de calomnies perfides à la suite des quelles trop souvent on voit le dénonciateur couvert de la dépouille de l'accusé, l'innocence timide persécutée et le crime impudent triomphant. »

Il continue ainsi :

« Vous me parlez de votre attachement pour la chose publique, j'aime à y croire, et moi aussi j'aime ma Patrie, et moi aussi j'aime le peuple, car je suis du peuple, comme vous. — Et vous, ne pensez-vous pas comme moi que ce n'est pas toujours en flattant le peuple, facile à séduire quand on lui parle de son bonheur et qu'on irrite ses chagrins, qu'on le sert mieux et qu'on l'aime davantage ? — Ne méprisez-vous pas, comme moi, cette popularité factice qui, achetée au prix du mensonge, ne se conserve que par le crime ? Ne redoutez-vous pas, comme moi, ce despotisme d'opinion qui, tyrannisant la pensée, criminalise tout ce qui s'oppose à ses desseins ? Ne voulez-vous pas, comme moi, la liberté, cette liberté raisonnée avec laquelle on peut faire individuellement tout ce qui ne peut nuire à la société, et non cette liberté sans limites qui, rapprochant l'homme de la brute, livre le plus faible au plus fort ? Ne voulez-vous pas, comme moi, l'égalité consistant dans un droit égal pour tous à la protection, à la justice, aux avantages et aux jouissances de la société, mais éclairant le peuple sur l'application qu'il doit en faire pour son bonheur, sur l'usage qu'il doit s'en permettre pour ne pas détruire le mécanisme social ? Ne lui faites-vous pas repousser avec courage ces idées séduisantes de l'égalité absolue, du partage agraire, qui, présentées avec un art perfide par ceux qui veulent capter sa confiance, deviennent le ferment des divisions dont on l'agite pour le dominer plus sûrement? Ne voulez-vous pas, comme moi, la République une et indivisible ? Ah ! sans doute vous détestez la tyrannie sous quelque dénomination qu'elle veuille s'élever, mais vous détestez aussi sans doute sa rivale, sa complice en crimes funestes au genre humain, l'anarchie monstre né de la réunion impure du despotisme et de l'esclavage. »

Quelle ardeur ! Quel élan ! Et qu'on sent bien là l'honnête homme ! Dechézeaux n'était, à proprement parler, ni écrivain ni orateur. Il l'est devenu en un moment dans ces pages. — Quelle habileté, en effet, dans le moyen oratoire à l'aide duquel, sans le nommer, il confond son adversaire, et que ces « *ne pensez-vous pas comme moi ?* » cinglent durement le visage de l'espion de Billaud-Varennes, du maratiste Crassous ! Et quand il l'adjure de poursuivre ceux qui dénaturent sa déclaration, quelle allure rapide ! quel mouvement ! que ces phrases courtes et pleines se hâtent et se précipitent ! et ne peut-on pas dire, en détournant la phrase du sens que lui donnait Dechézeaux, « c'est ainsi qu'à Rome Cicéron accusait Catilina? » Enfin, quand il rappelle ce que les Rochelais, riches et pauvres, ont fait pour la patrie, comme on sent battre à chaque ligne son cœur chaud et aimant et que tout cela prouve bien que l'éloquence est plus qu'un art, et qu'elle naît tout armée du choc des événements dans toute âme d'homme indépendante et convaincue ! La vérité a des accents qui ne se peuvent feindre et si Dechézeaux, au lieu de renfermer dans une brochure ces paroles émues, les avait prononcées à la tribune de la Société populaire, Crassous eût été sans nul doute à tout jamais perdu. — Imprimées, elles ne pouvaient exercer leur empire sur le peuple. Aussi, n'eurent-elles d'autre résultat que de donner à la haine des misérables qui se voyaient démasqués une vigueur nouvelle !

Le plus atteint, Crassous, chercha immédiatement à se venger et écrivit à Billaud-Varennes pour lui dénoncer son ennemi comme ayant conseillé aux Rochelais de marcher sur Paris. Billaud-Varennes n'aimait pas Dechézeaux, aussi s'empressa-t-il de dénoncer lui-même le fait à la Convention. Je cite textuellement l'extrait du *Moniteur*, n° 294, séance du 12 juillet :

« Billaud-Varennes : — Il y a beaucoup de députés qui ont écrit que la Convention n'était pas libre à Paris. — Un député de la Charente-Inférieure a écrit à la Rochelle qu'il fallait se réunir à l'armée de Bordeaux pour venir contre

Paris. Sans un député de la Rochelle, * qui arriva fort à propos, cette ville se déshonorait. Je demande que la Convention improuve les détails des derniers événements faits avec des sentiments contre-révolutionnaires et qu'elle déclare qu'elle a toujours été libre au milieu des généreux Parisiens. »

Dechézeaux ayant appris la dénonciation lancée contre lui écrivit immédiatement à Billaud-Varennes la lettre suivante :

« Quand vous avez dit à la séance du 12 qu'un député de la Charente-Inférieure avait écrit à la Rochelle qu'il fallait se réunir à l'armée de Bordeaux et marcher sur Paris, il fallait le nommer, car c'est par ces dénonciations vagues et perfides qu'au nom de la Patrie, de la liberté et de l'égalité, on assouvit ses passions et ses vengeances personnelles. — Si c'est de moi dont vous avez voulu parler, je vous somme de le dire ; et alors, ou vous vous empresserez de me rendre justice en vous rétractant, ou vous serez confondu si vous voulez soutenir une imposture... Ma déclaration sur les événements des 31 mai, 1er et 2 juin est au comité de sûreté générale à qui je l'ai envoyée, lisez-la. — Ma lettre à Crassous, votre correspondant, y fait suite, lisez-la. — J'ai accompagné la Constitution d'une circulaire adressée aux districts de mon département, lisez-la. — J'ai déjà reçu les réponses de plusieurs autorités constituées, lisez-les. Billaud-

* Crassous.

Varennes, celui qui pense et qui écrit ainsi peut-il être accusé d'appeler contre Paris la force armée des départements ? »   G. Dechézeaux.

Les conseils généraux des districts et de la commune de la Rochelle, ayant appris l'inculpation grave qui pesait sur leurs concitoyens, se plaignirent aussitôt à la Convention, sommant Billaud-Varennes de nommer le misérable qui l'avait ainsi induit en erreur. « Si Billaud-Varennes » se souvient encore qu'il est né Rochelais, ajou- » taient-ils, il le nommera. » — Ils terminaient en protestant énergiquement contre la fausseté de l'inculpation dirigée contre Dechézeaux, certifiant qu'il ne leur avait jamais donné pareil conseil. — La Convention faisant droit à cette légitime réclamation décréta, dans sa séance du 25 juillet, la mention honorable et l'insertion au bulletin.

Dechézeaux, aussitôt le décret, écrivit aux membres de la société populaire de la Flotte et leur envoya deux exemplaires du bulletin de la Convention. Il leur adressait également le décret relatif à la fête républicaine du 10 août, et les pressait de donner leur sanction à la Constitution :

« En annonçant le premier à la Convention nationale, ajoutait-il, l'acceptation de la Constitution par les citoyens du département de la Charente-Inférieure, je forcerai mes ennemis à la honte du silence. »

La Constitution ayant été solennellement ac-
ceptée, Dechézeaux donna sa démission de député.
L'admission de son suppléant, René Eschassériaux,
n'ayant pu avoir lieu avant le 31 août, ce ne fut
que le 10 septembre qu'il put partir après avoir
obtenu un passeport de la Convention que pré-
sidait justement ce jour-là Billaud-Varennes. Les
affaires de sa maison de commerce l'appelant tout
d'abord à Rouen, sa famille le devança de quelques
jours, et le 19 septembre ils se trouvaient tous
réunis à la Flotte. — C'est à une ou deux semaines de là qu'arrivèrent dans le département de
la Charente-Inférieure, avec mission d'y organiser
le régime de la terreur, les députés Lequinio et
Laignelot. — Il était question alors d'une conspiration ne tendant à rien moins qu'à livrer aux
Anglais, ainsi qu'on venait de faire Toulon,
les autres ports militaires de la France. Aussi les
deux commissaires délégués par la Convention
allèrent-ils immédiatement s'établir à Rochefort.
Ce ne fut toutefois qu'un mois après leur arrivée
qu'ayant fait procéder à l'arrestation des équipages
de l'*Apollon* * et du *Généreux*, accusés d'avoir par-
ticipé à la trahison de l'amiral Trogoff, et d'avoir

---

* Le frère de Crassous était lieutenant de vaisseau à bord de
l'*Apollon*. Il fut exécuté sur la place de la Liberté à Rochefort le 8 frimaire an II.

livré Toulon aux Anglais ; ils organisèrent le 29
octobre (8 brumaire), à Rochefort, le tribunal
révolutionnaire qui devait faire tant de victimes.
— Il était composé d'un président, de deux juges,
d'un accusateur public, d'un substitut, d'un greffier, et de douze jurés qui recevaient chacun
douze livres d'indemnité par jour. Quant aux
autres membres du tribunal, ils touchaient le
même traitement que ceux du tribunal révolutionnaire de Paris. Le tribunal resta composé
ainsi jusqu'au 15 frimaire (6 décembre), époque
à laquelle Lequinio nomma un quatrième juge.
Deux huissiers étaient de plus spécialement atta-
chés au tribunal. *

Mais revenons à Dechézeaux.

Depuis son retour, il vivait à l'écart au milieu
des siens et n'allait guère qu'aux séances de la
société populaire de la Flotte. L'arrivée des commissaires Lequinio et Laignelot, le parti que ses
ennemis et Crassous en particulier pourraient tirer
contre lui de leur présence dans le département
avaient dû lui faire monter à l'esprit de sérieuses
craintes, mais il les avait toujours repoussées
comme indignes de lui.

« Interrogé souvent, dit-il dans son plaidoyer, si je ne

* Archives du département de la Charente-Inférieure.

craignais pas d'être arrêté , prévenu depuis longtemps de l'arrivée des commissaires , pouvant croire par beaucoup de raisons que je serais inquiété , et pouvant l'éviter, j'ai toujours répondu : je ne le crois pas , parce que ce serait une injustice. Mais en tous cas je n'ai rien à me reprocher , je demeurerai tranquille , fidèle à remplir tous mes devoirs et sans crainte d'aucun événement , parce que ma conscience me répond de mon innocence. »

Pendant que Dechézeaux attendait les événements avec ce tranquille courage , ses ennemis s'agitaient dans l'ombre et courtisaient Lequinio. Dechézeaux n'était plus qu'un traître , un conspirateur infâme dont il fallait se défaire à tout prix. A l'appui de leurs dénonciations , ils produisaient tels et tels passages de ses divers écrits qui , dénaturés par eux et présentés sous le jour le plus défavorable à des esprits déjà prévenus, ne pouvaient que porter des hommes de la nature de Lequinio et Laignelot à ordonner la mise en arrestation de l'ancien député. Aussi, le 15 brumaire (8 novembre) , Victor Hugues lança-t-il contre Dechézeaux un mandat d'arrêt, de l'exécution duquel furent chargés quatre membres des sociétés populaires de Rochefort et de la Rochelle. — La mer était tellement grosse, ce jour-là, qu'ils ne purent partir ; mais le lendemain, la tempête ne paraissant pas devoir se calmer de quelques jours, ils se décidèrent à s'embarquer, et ce ne fut que le soir qu'ils parvinrent à la Flotte. Après y avoir fait enregistrer leurs pouvoirs, ils se rendirent à Saint-Martin, et c'est de là qu'à sept heures ils lancèrent le mandat d'arrêt contre Dechézeaux. Il fut exécuté le soir même à la Flotte, à huit heures. L'apposition des scellés et les divers incidents qui se produisirent remplirent la soirée jusqu'à une heure fort avancée et il semble qu'on aurait pu sans inconvénient attendre le lendemain. Mais les hommes cruels et sanguinaires sont presque toujours lâches. Aussi, sachant combien Dechézeaux était aimé de ses concitoyens, les émissaires de Lequinio, craignant sans doute que la population ne leur fît un mauvais parti s'ils attendaient pour le diriger sur Rochefort le lever du jour, mirent-ils en réquisition, au milieu de la nuit, une barque du sous-chef des classes de la marine et y firent-ils conduire leur victime sous bonne garde. L'embarcation qui portait Dechézeaux partit à trois heures et demie du petit port de la Flotte. Le malheureux ne devait plus revoir ces lieux si chers où ils laissait dans le désespoir et dans les larmes les êtres bien aimés qui avaient fait la joie de sa vie. Il n'arriva que deux jours après à Rochefort, où il avait été conduit de la Rochelle par la gendarmerie, et fut immédiatement écroué

à la prison de Saint-Maurice, où étaient incar-
cérées déjà de nombreuses victimes destinées à
l'échafaud. — Fort de son innocence, il écrivit le
jour même de son incarcération aux députés Lequinio et Laignelot une lettre très digne dans
laquelle il les priait de lui faire subir le plus
promptement possible son interrogatoire, sûr
d'avance de dissiper par ses réponses les préven-
tions qui pouvaient exister contre lui. Les deux
proconsuls de Rochefort ne daignèrent pas répondre à leur ancien collègue et l'interrogatoire
qu'il sollicitait lui fut impitoyablement refusé.
Alors commença pour lui ce long supplice moral
fait d'anxiété, de silence et d'abandon, que con-
naissent seuls les prisonniers. Défense expresse
avait été faite aux geôliers de le laisser communiquer avec qui que ce fût, et sa seule joie, joie
mêlée de bien des larmes, était d'écrire aux êtres
chéris des bras desquels on l'avait arraché.

Sa mère l'avait suivi à Rochefort. Elle espérait,
la pauvre femme ! qu'elle réussirait à fléchir les
geôliers, qu'elle pourrait embrasser son fils. Son
espoir avait tout d'abord été déçu, mais avec
l'opiniâtreté du désespoir et de l'amour elle ne
recula devant rien. Elle voulait embrasser son
enfant, et en dépit des gardiens et des verroux
elle réussit. Pour atteindre ce but il fallait parvenir

à attendrir l'accusateur public. Toute autre qu'une mère eût renoncé. — Elle fit une première démarche et fut repoussée ; elle ne se rebuta point. Elle pria, pleura, et son amour fit un véritable miracle : elle obtint pour elle et pour son fils Achille l'autorisation de voir le prisonnier. Leur première entrevue eut lieu le 12 frimaire (3 décembre). Je laisse à penser ce qu'elle dut être !

Mais si la pauvre mère avait obtenu ce que son cœur souhaitait le plus ardemment, si elle avait d'un autre côté réussi à faire lever les scellés apposés sur les papiers de son fils, elle n'avait pas été aussi heureuse en ce qui concernait son interrogatoire. Le 26 frimaire il n'avait pas encore été interrogé et avait seulement appris de l'accusateur public, et cela après quinze ou vingt jours de détention, qu'un arrêté du comité de sûreté générale de la Convention ordonnait son arrestation pure et simple dans une maison d'arrêt jusqu'à nouvel ordre. Sa perte n'en était pas moins jurée. Les commissaires Lequinio et Laignelot avaient écrit pour demander instamment le renvoi au tribunal révolutionnaire de Rochefort des pièces déposées au comité de sûreté générale, et la Convention, par son décret du 19 frimaire, avait fait droit à leur demande. — Pendant que ses ennemis travaillaient à échafauder péniblement leurs calomnies, le frère de la victime, sa mère et son jeune beau-frère, Vatable, rassemblaient toutes les pièces qui pouvaient servir à sa justification. Toutes les municipalités de l'île de Ré s'étaient spontanément offertes à leur donner les certificats les plus explicites sur le patriotisme du prévenu. A ces certificats, Achille Dechézeaux avait ajouté divers extraits des procès-verbaux de la société populaire de la Flotte, il y avait joint les lettres, circulaires et bulletins envoyés de Paris par son frère, et avait composé du tout un recueil que le prisonnier avait fait précéder d'une introduction datée du 26 frimaire. — A cette même date, il écrivait à sa femme cette touchante lettre :

« Achille m'a donné les baisers dont tu l'avais chargé. Je les rends à ton portrait... O ma Fanny ! combien il en a reçu pour toi ! comme il aurait de choses à te dire s'il pouvait jamais te rendre les sentiments qu'il m'inspire...

Tant de souvenirs, tant d'idées confuses, incertaines, qui viennent m'assaillir, qu'il a causés et qu'il appaise ensuite lorsqu'en le fixant une larme s'échappe et va le mouiller ! — C'est à Rochefort que je serai jugé quand les pièces attendues de Paris seront arrivées. Cela ne saurait être fort éloigné ; peut-être même sera-ce prochain. Tant mieux ! ma Fanny, tant mieux ! L'innocence de ton ami n'aura plus rien à redouter de l'injustice des hommes, son sort sera fixé !... Je vois ma mère, je l'embrasse tous les jours, et, si mon innocence avait besoin d'être encouragée, ce serait dans ces embrassements maternels que je puiserais la fermeté et le calme que commandent certaines circonstances de la vie. Allons, Fanny, toujours du courage! toujours de la résignation! Quelle est l'épouse, quelle est la mère qui doit en avoir plus que toi, si c'est l'innocence du mari et du père qui les donne? Mes deux Fanny, mon Adèle, vous êtes toutes dans mon cœur, toujours à ma première pensée. Vos traits, votre image, ils ne me laissent pas... C'est mon bonheur de les trouver dans mon cœur, alors toutes mes plaies se ferment. — Fanny, Fanny chérie, adieu!... »

Certes, Dechézeaux ne pouvait conserver un bien grand espoir. Mais son innocence était si manifeste, il lui paraissait tellement impossible qu'on pût le condamner pour une simple opinion émise six mois avant, alors que c'était en sa qualité de député qu'il l'avait fait connaître, que par moment de fugitives espérances éclairaient son âme. Elles devaient bientôt s'éteindre en lui pour toujours! Toute illusion sur son sort lui fut enlevée le jour où à travers les grilles de sa prison, pour me servir de ses propres paroles, « une voix, écho des papiers publics, lui apprit » qu'il subissait le sort réservé aux conspirateurs » et aux traîtres à la Patrie. » Ce fut pour lui le dernier coup. Il avait pu croire d'abord qu'il était victime d'une méprise et qu'il lui serait facile de dissiper d'injustes soupçons. Jamais il ne lui était

venu à l'esprit qu'on pouvait l'accuser d'un crime.
L'énormité de la calomnie lui ouvrit les yeux, il
comprit qu'il était perdu.

C'est après cette terrible découverte qu'il écrivit,
le 10 nivôse, à sa mère et à son frère ces deux
lettres :

« Tout ce que vous venez de faire pour moi, ma chère
et respectable maman, aurait doublé mes sentiments pour
vous s'ils pouvaient être plus vifs. Que votre Gustave
revive pour vous dans les siens ! Soyez leur soutien,
guidez leurs premiers pas... »

Il termine ainsi :

« Le terme de ma carrière était venu ! La vengeance
l'avait marqué ! La victime sera sacrifiée ! Mais en m'ôtant
la vie on ne pourra m'arracher mon innocence, et ma
mémoire, honorée de tous les bons citoyens, sera un grand
exemple de plus des crimes commis au nom de la justice
dans les orages de notre révolution.

» Ton caractère et mon exemple, disait-il à son frère,
te préserveront des malheurs dont je suis la victime.
Puisses-tu sentir d'avantage tout le prix d'une vie paisible
et ignorée !... J'y touchais !... Un moment a tout détruit !
Arraché à ma famille, classé parmi les ennemis de mon
pays, poursuivi par la vengeance et accusé par la calomnie, j'attends au fond de ma prison le sort qui m'est
réservé !... Je connais toute ton amitié pour moi ! Eh
bien ! tout ce que tu avais d'affection fraternelle réunis le
sur ma pauvre Fanny... »

Il lui recommande alors, en termes touchants, sa femme et ses enfants et ajoute :

« Sois plus que juste envers tous ceux avec qui tu auras à régler pour moi. Donne plus à raison des besoins de chacun. Qu'on bénisse ma mémoire ! Que j'aie un monument dans le cœur de tous ceux à qui j'aurai fait quelque bien. Cette idée adoucit l'amertume de mes réflexions, elle me fait tendre au but avec plus de calme ! »

Trois jours après, il écrivait à sa femme la lettre suivante qui, rapprochée de celles qui précèdent, est déchirante :

« Achille m'a embrassé de ta part, ma chère Fanny, il t'embrassera aussi de la mienne. Pauvres ressources ! Pauvres dédommagements pour qui s'aiment comme nous nous aimons ! Tu voudrais me voir !... Mais, ma Fanny ! ta sensibilité te serait fatale *, elle le serait pour Adèle ! En vain tu me promettrais une fermeté qu'il te serait impossible d'avoir, que moi-même je n'aurais peut-être pas la force de t'inspirer !... Deux mois se sont écoulés et mon sort n'est pas encore décidé. Il doit l'être, il le sera bientôt ! du courage ! »

Il ne se trompait pas, le moment fatal approchait. — Tout avait été préparé pour rendre sa perte certaine et pourtant ses ennemis craignaient encore qu'il ne leur échappât. Les chefs d'accusa-

* Madame Dechézeaux nourrissait alors sa seconde fille Adèle.

tion qu'ils avaient groupés à grand'peine étaient
tellement absurdes, les actes et les paroles de
l'accusé leur donnaient un si énergique démenti
et l'innocence de Dechézeaux, perçant toutes les
fumées dont ils avaient cherché à la noircir,
brillait d'un si vif éclat que par moments une
horrible inquiétude leur montait au cœur !... S'ils
allaient l'acquitter, pensaient-ils, et ces misérables
se surprenaient à douter du tribunal révolutionnaire lui-même ! Ils craignaient que le jury ne
fût influencé par les certificats de civisme dont
Dechézeaux avait les mains pleines, et surtout
par celui que la société populaire de la Flotte lui
avait délivré. Aussi envoyèrent-ils à la Flotte, le
21 nivôse (10 janvier), trois des membres les
plus sanguinaires du club de la Rochelle, pour
obliger par la crainte de l'échafaud les signataires
du certificat à se rétracter. Ils avaient compté sans
la force d'âme des compatriotes de Dechézeaux.
Le certificat fut maintenu en dépit des menaces,
aux applaudissements des assistants qui encom-
braient les tribunes. Sur les soixante-dix-neuf
membres du club, sept seulement se laissèrent
intimider par les émissaires de la société de la
Rochelle et retirèrent leurs signatures. Tous les
autres persistèrent avec un réel courage. — Les
tribunes elles-mêmes intervinrent, tous les assis-

tants jusqu'aux femmes se joignirent aux membres
de-la-société, et malgré les menaces de mort dont
ils étaient les objets donnèrent un libre cours à
leur sympathie pour Dechézeaux. Ce fut un admirable élan, et ces petits bourgeois, qui pris
individuellement étaient loin d'être des héros,
électrisés les uns par les autres, furent pendant
cette heure véritablement sublimes. Les délégués
de la société populaire de la Rochelle se retirèrent
furieux. Le méchant, est-il écrit dans la Bible, fait
une œuvre qui le trompe. Ils venaient de faire
l'expérience de la vérité de cette parole. Les
monstrueuses manœuvres des membres du club
de la Rochelle n'avaient servi qu'à mettre en plus
vive lumière l'innocence de l'honnête homme
qu'ils honoraient du nom de scélérat. Mais leur
échec ne fit que redoubler leur haine et ils firent
immédiatement écrire aux membres du tribunal
révolutionnaire cette lettre :

« Frères et amis, un certificat liberticide délivré par les
habitants de la commune de la Flotte en faveur du traître
Dechézeaux, ex-député, a occasioné une *députation fraternelle* (sic) de notre société auprès de celle de la Flotte.
Ses efforts pour faire revenir les esprits que quelques
meneurs avaient égarés ont été vains. L'obstination qu'elle
a montrée vient encore de nous être confirmée par l'envoi
d'une lettre et de l'extrait d'un procès-verbal où tout

l'insidieux de la conduite de ces meneurs se trouve aussi clairement établi qu'il l'est dans le certificat où l'on a affecté d'oublier les crimes présents du détenu pour retracer l'idée (sic) de ses vertus passées. Cette conduite coupable, cette persévérance dans l'égarement et l'arrogance avec laquelle la société de la Flotte, s'érigeant en défenseur officieux de la cause de Dechézeaux, nous écrit même pour toute la commune, nous a fait prendre la résolution de rompre avec elle, de dénoncer les faits aux jacobins *, aux représentants du peuple et au tribunal révolutionnaire de ce département, pour prendre à cet égard toutes les mesures de sûreté que leur sagesse leur dictera.

» Salut et fraternité. »

Le même jour, une lettre semblable était adressée à Lequinio. A la fin de cette lettre la société l'invitait à « mettre l'unique habitant de » la Flotte qui, le 2 frimaire, n'avait pas voulu » signer le certificat sous la sauvegarde des vertus » (sic) pour écarter les poignards des assassins qui » menacent ses jours. »

Le même jour, 24 nivôse (13 janvier), Dechézeaux fut amené pour être interrogé devant le président du tribunal révolutionnaire. Les questions principales qui lui furent posées portaient sur des opinions émises par lui au sein de la

* Aux quels la société de la Flotte était affiliée.

4

Convention, sur son appréciation des événements du 31 mai et sur les motifs qui l'avaient déterminé à donner sa démission de député. Dechézeaux y répondit avec sa franchise et sa fermeté habituelles et fut reconduit à la prison Saint-Maurice. Le lendemain le substitut de l'accusateur public présentait son réquisitoire au tribunal réuni dans la chambre criminelle et l'ordonnance suivante était rendue :

« Le tribunal, faisant droit sur le réquisitoire de l'accusateur public, lui donne acte de l'accusation par lui dressée contre Gustave Dechézeaux. — Ordonne qu'à sa diligence et par huissier du tribunal ledit Dechézeaux, détenu dans la maison d'arrêt dite Saint-Maurice, sera pris au corps et écroué sur le registre pour y être détenu comme en maison de justice, et que notre présente ordonnance sera notifiée tant à la municipalité de Rochefort qu'à l'accusé.

» Fait dans la Chambre d'Instruction criminelle, à Rochefort, le 25 nivôse an II de la République une et indivisible. »

Le jour même, l'acte d'accusation et l'ordonnance étaient notifiés par l'huissier Pierre Bridier à Dechézeaux, parlant à sa personne entre les deux guichets. Enfin, trois jours après, l'accusé était conduit, sous bonne garde, à l'ancienne

église Saint-Charles, où le tribunal révolutionnaire tenait ses audiences. *

Tout avait été préparé pour qu'il ne pût échapper. Quelques jours avant, le 23 nivôse, Lequinio,
à dessein sans doute, quoique l'arrêté vise la
nécessité d'attacher les officiers à leurs bords pour
accélérer les armements, avait modifié la composition du jury et remplacé les quatre officiers de
marine, qui en étaient membres, par Bessonet,
Papin, Fabry et Sarzanna, prêtre renégat, ancien
aumônier du vaisseau le *Généreux,* à qui la peur
avait fait changer sa soutane en carmagnole. —
Chaque juré devant émettre son avis à haute voix,
on pouvait être sûr de lui.

Lecture de l'acte d'accusation ayant été donnée
par le greffier, Dechézeaux fut de nouveau interrogé pour la forme et l'on passa, toujours pour la
forme, à l'enquête. Un seul témoin fut produit.
Inutile d'ajouter que ce témoin se contenta de
faire de longues tirades sur les conspirateurs et les
traîtres et n'articula aucun fait précis et concluant.
La parole ayant été donnée à l'accusateur public,
il développa son acte d'accusation, et son réquisitoire terminé, Dechézeaux se leva et d'une voix
sonore et ferme il lut la défense qu'il avait prépa-

* Ainsi qu'il résulte des assignations qui me sont passées sous les
yeux.

rée. J'ai entendu reprocher à Dechézeaux d'avoir en se défendant fait à ses juges l'honneur de les prendre au sérieux. Il est aisé de répondre à ce reproche. C'était beaucoup moins pour les juges que pour les assistants que Dechézeaux avait préparé sa défense. On l'accusait d'avoir fait cause commune avec les Girondins et d'avoir été fédéraliste. Il considérait à tort ou à raison une pareille imputation comme une tache à son honneur et tenait, avant de mourir, à faire briller son innocence aux yeux de tous. — La lecture de ce plaidoyer dura près de deux heures et fut écoutée par la foule dans le plus profond silence. L'effet en fut si grand sur les assistants que le président crut devoir abréger les débats. Après un court résumé de l'affaire, deux questions furent posées aux jurés :

« Est-il constant qu'il ait existé dans le sein de la Convention, les 31 mai, 1er et 2 juin, une conspiration tendant à rompre l'unité et l'indivisibilité de la République ? Gustave Dechézeaux est-il convaincu de s'être rendu complice de cette conspiration en répandant des écrits perfides tendant à corrompre l'esprit public et à dissoudre la Convention nationale ? »

Chaque juré interpellé par le président répondit affirmativement aux deux questions. Les juges ayant émis également à haute voix le même avis, le président prononça le jugement qui condamnait Dechézeaux à la peine de mort et déclarait ses biens acquis et confisqués au profit de la République. — La nuit était venue pendant les débats et le cortège se mit en marche à la lueur des torches, se dirigeant vers la place de la Liberté, aujourd'hui place Colbert. — On sait le reste.

Avant de comparaître devant ses juges et sûr d'avance du sort qui l'attendait, Dechézeaux avait écrit à sa femme et à ses concitoyens ces deux lettres :

« C'est ton frère, ma chère Fanny, qui te remettra tes lettres. Joins les aux miennes, ajoute les à celles qui ont précédé notre union. Que nos enfants y lisent un jour l'histoire du bonheur et du malheur de leur père... — J'ai dû entretenir ton espérance, j'ai dû perpétuer ton erreur pour diminuer tes maux, pour assurer l'existence d'Adèle. — Aujourd'hui, je dois te dire la vérité parce que je touche au moment où, quelque terrible qu'elle soit, il faut pourtant que tu l'apprennes. — Au nom du tendre attachement qui nous unissait, au nom de nos enfants qui ont besoin de toi, au nom de ma mère dont j'ai abrégé l'existence par deux mois d'angoisses, Fanny, ma bien aimée Fanny, de la résignation ! de la fermeté ! Mes derniers moments seront moins cruels si j'ai la pensée consolante que tu te consacreras à l'éducation de nos enfants... Adieu. — Oublie les torts que j'ai pu avoir. Ne

garde que le souvenir de l'attachement que j'eus pour toi
et que je voulais te prouver plus que jamais lorsque l'éternité
a été mise entre nous par la méchanceté des hommes....
Adieu !

Il écrivait à ses amis :

« J'ai été trop heureux depuis ma naissance, dans mon
enfance par la bonté de mes parents, dans ma jeunesse
par le choix de mes liaisons qui m'a préservé des égare-
rements du libertinage, dans ma fortune par la prospérité
de mes affaires, dans mon ménage par le choix d'une
bonne épouse, dans la société par l'estime et la confiance
de mes conci.oyens. Il fallait une révolution à cet en-
chaînement de circonstances heureuses. Ma vie, comme
celle de tous les hommes, devait avoir sa somme de maux
après avoir eu sa somme de bonheur. O mes amis ! ces
pressentiments sont devenus de terribles vérités. Je n'ai
cessé d'aimer ma patrie et l'on m'accuse d'en avoir été
l'ennemi. Calomnié par les hommes qui voulaient me
sacrifier à leur ambition, je les ai démasqués pour me
justifier, et ma perte a été jurée ! — Je ne vous dirai pas :
Vengez ma mémoire, mais je vous dirai : Défendez-là !
Quand, en parlant de moi, l'étranger qui abordera dans
notre île vous demandera ce que je fus, quand vos enfants, qui auront entendu raconter ma fin, vous de-
manderont: Que fit-il donc pour mourir ainsi? Dites leur:
Deux partis avaient divisé la République, Dechézeaux ne
voulut s'attacher ni à l'un ni à l'autre. Il dit ce qu'il
pensait sans ménager personne. Il crut qu'il fallait s'en
tenir à la vérité, il osa le dire et sa tête fut proscrite....

Il ajoute :

« Mes opinions ont été un crime quand la vérité était condamnée à se taire. Elles réclameront un jour pour ma mémoire la reconnaissance de ceux qui les liront, alors qu'on pourra la dire et l'entendre sans crainte. Qu'un exemplaire en soit donc gardé soigneusement ; que, déposées dans des mains fidèles, elles servent un jour à ajouter un trait de plus à l'histoire sanglante des victimes de la révolution. Consolez ma femme ; prenez mes enfants dans vos bras et apprenez leur à dire : Il mourut pour la Patrie ! »

Quelles lettres ! et que dire après elles ! Analyser de pareils sentiments serait les déflorer, et après avoir pénétré dans les profondeurs de cette âme où l'énergie s'alliait dans une harmonie si parfaite à la sensibilité la plus exquise, l'on ne peut qu'admirer, plaindre et se taire !....

Qu'il nous suffise de dire en terminant que sur une pétition présentée à la Convention nationale, le 29 germinal an III, par la veuve de Gustave Dechézeaux, sa mémoire fut solennellement réhabilitée et ses biens rendus à sa famille.

La Rochelle. -- Typ. A. SIRET.

application continuelle , s'attacher à suivre les
progrès de la science, et contribuer par leurs communications et leurs écrits à faire participer aux
bienfaits des découvertes utiles ceux qui , plongés
encore dans l'ignorance, n'attendent que la lumière
pour s'élancer dans des routes nouvelles. Et cependant voilà ce que vous avez fait sans ambitionner
l'éclat d'une vaniteuse célébrité : c'est dans vos
réunions particulières que vous prêtant un mutuel
appui , vous avez le plus souvent cherché à vous
éclairer réciproquement et à préparer en silence les
moyens qui peuvent exercer une salutaire influence
sur les connaissances que vous embrassez, sur tous
les arts que vous cultivez. Vous avez donc atteint
le but de votre institution ; et si nous jetons un
coup d'œil rapide sur l'ensemble de vos travaux ,
preuves infaillibles de votre zèle et de votre activité,
nous aurons signalé vos droits à la considération
publique et à une récompense plus flatteuse encore,
celle que vous devez obtenir dans l'estime et le
suffrage de vos concitoyens. En effet , l'agriculture,
cette source première de la prospérité des États , a
été principalement l'objet de toutes vos sollicitu-
des. Recueillir avec discernement les améliorations
consacrées par l'expérience , substituer des résultats
positifs, des procédés nouveaux à de vieilles erreurs,
à des théories incertaines que la puissance de.
l'habitude , que les préjugés de la routine rendent si
difficiles à surmonter , encourager par des primes
ceux qui , marchant vers un perfectionnement

NOTICE

DES

TRAVAUX DE LA SOCIÉTÉ D'AGRICULTURE,

SCIENCES ET ARTS D'AGEN,

DEPUIS SA DERNIÈRE SÉANCE PUBLIQUE,

PAR

M. J. B. HUGON,

SECRÉTAIRE - ADJOINT,

LUE DANS LA SÉANCE PUBLIQUE DU 10 JUIN 1830.

MESSIEURS,

L'UTILITÉ des associations académiques, né-
cessitées par la marche progressive de l'esprit
humain, est aujourd'hui généralement reconnue.
Plus elles sont multipliées, plus les mœurs se
polissent, plus l'amour de la patrie et de l'humanité
s'agrandit, plus la civilisation se propage, plus
la paix et le bonheur règnent parmi les hommes.
Nous ne soumettrons pas à une démonstration
plus étendue cette vérité trop sensible ; elle porte
avec elle la preuve de son évidence. Mais pour
préparer avec plus d'efficacité les élémens de cette
perfection morale, pour se promettre un succès
plus certain, elles doivent donner l'exemple d'une

rapide, obtiennent ces résultats avantageux : voilà ce que vous avez fait pour la science agricole.

Vos combinaisons n'ont pas toujours été purement spéciales. Vous n'avez point redouté de vous approfondir sur des sujets abstraits, de traiter de graves questions géologiques et mathématiques, et de tenter la solution d'un grand problème auquel des esprits d'un ordre supérieur n'avaient osé s'arrêter.

La médecine, cet art si utile pour l'humanité, *qui guérit quelquefois, qui soulage souvent, qui console toujours*, a été dans plusieurs circonstances l'objet des méditations de ses adeptes.

Vous devez à une main habile des notices curieuses sur l'histoire de vos contrées, des dissertations intéressantes sur les monumens qu'elles renferment, et des recherches savantes sur ses antiquités qu'aucun autre n'aurait essayé d'entreprendre.

A ces travaux, d'une si grande utilité, d'un intérêt si général, vous avez encore mêlé les fleurs brillantes de la littérature et de la poésie, comme pour vous conformer au précepte d'Horace :

Omne tulit punctum qui miscuit utile dulci.

Tel est, Messieurs, en peu de mots, l'aperçu de vos occupations scientifiques et littéraires, dont l'importance sera sans doute mieux appréciée, après avoir entendu le rapport que je vais vous soumettre.

Avant d'entreprendre ce travail, je n'ai pu me

défendre d'un sentiment de crainte et de défiance. L'honneur d'être votre interprète, dans cette circonstance, ne m'était point réservé. Il revenait naturellement à celui à qui vous avez confié votre plume académique ; et vous savez combien de fois vous avez eu à vous applaudir de la manière claire et méthodique, de l'élégance naturelle et facile avec laquelle il s'acquittait de cette tâche. Mais j'ai dû céder à des considérations puissantes, respecter les motifs de son excuse, que les intérêts de votre propre gloire et de notre pays semblent légitimer (1), et m'abuser sur des difficultés que je n'aurais pu surmonter sans les conseils de certains d'entre vous. J'ose donc réclamer votre indulgence, parce que le désir de vous prouver mon zèle et de vous être utile, ne peut suppléer au talent.

Je classerai dans leur ordre méthodique les ouvrages dont je vais vous entretenir.

AGRICULTURE.

L'Agriculture étant le plus utile comme le plus respectable de tous les arts, nous mentionnerons, au premier rang de vos travaux, toutes les entreprises, tous les essais que vous avez tentés pour son amélioration ou son perfectionnement.

(1) A la veille de publier la collection de ses œuvres, M. de Saint-Amans consacre tous ses momens à les soumettre à un nouvel examen, à les polir, à les perfectionner, à y mettre enfin la dernière main.

Nos regards s'arrêteront d'abord sur le mémoire très-étendu que vous fîtes rédiger par une commission nommée dans votre sein , sur la culture du prunier et la meilleure préparation à donner à son fruit.

Rappelons très-succinctement son origine.

Vous aviez proposé un prix à l'auteur qui aurait le mieux traité cette partie si intéressante de notre industrie agricole. Ce prix, qui était dû au zèle d'un Agenais distingué par son amour du bien public et les services qu'il a rendus à son pays, et que votre Société s'enorgueillit de compter parmi ses membres , fut adjugé à M. Auricoste, docteur en médecine, à Lauzun. Quoique satisfaits de son mémoire, vous trouvâtes néanmoins qu'il ne remplissait pas entièrement vos vues, et vous jugeâtes que ce serait répondre mieux aux intentions du fondateur en publiant une instruction qui fût le résumé de faits bien constatés , recueillis dans les divers mémoires envoyés au concours et dans vos observations particulières. Vous nommâtes , en conséquence , une commission composée de MM. Lafont du Cujula , Cyrille Graullié et Achille de Raigniac , qui fut chargée de rechercher de nouveaux documens , de faire les expériences nécessaires pour éclairer quelques points importans mais encore douteux , et de rédiger une instruction claire , méthodique , et susceptible d'être mise à la portée de tous les propriétaires qui se livrent à la culture de cette production , l'une des richesses de notre sol.

M. de Raigniac,
culture
du prunier.

Ce travail vous fut en effet présenté par M. de Raigniac , rapporteur de la commission ; et par l'empressement que vous mîtes à le répandre , vous prouvâtes le cas que vous en aviez fait.

Divisé en deux chapitres qui se subdivisent eux-mêmes en plusieurs paragraphes, il offre un traité complet de la matière.

On commence par donner la description de l'espèce. On fait connaître la nature du sol propre au prunier. Un terrain formé d'argile sabloneuse mêlée d'une portion plus ou moins forte de calcaire paraît lui convenir le mieux. C'est la position de celui des environs de Monclar , Castelmoron , Monpezat et Clairac ; néanmoins , on en voit de fort beaux sur des terrains où le calcaire domine , et sur d'autres qui n'en contiennent pas du tout , tels que les environs de Saint-Barthélemy , de Miramont et de Verteuil. Son exposition ne doit pas être livrée au hasard. Le prunier veut être en un lieu aéré , redoutant le voisinage des bâtimens , des grands arbres , des haies élevées , et les positions enfoncées où il fleurit peu , et où ses fleurs avortent. Le paragraphe intitulé : *De la Pépinière* , mérite une attention toute particulière , parce qu'il signale comme très-vicieuse la méthode usitée dans notre département pour la multiplication du prunier par rejeton. L'on doit s'attacher encore à suivre de point en point tout ce qui est relatif à sa plantation, à sa taille , aux labours que sa culture exige et aux engrais qui lui sont nécessaires pour ranimer sa végétation lorsqu'elle languit , pousse faiblement et donne peu de fruit. Rien de ce qui peut contribuer à sa conservation n'est omis. Parmi les maladies dont il est atteint , l'on doit veiller avec soin à détruire les effets de la brûlure , de la grêle et du brouillard , à prévenir la langueur et la décrépitude que dénote une quantité considérable de lichens recouvrant le tronc et les branches , et à détruire les insectes qui vivent sur les pruniers. La chenille commune et la livrée sont les plus multipliées , et celles qui causent le plus grand dommage. Toutes ces instructions sont contenues dans le premier chapitre.

Le second est spécialement consacré à la préparation des pruneaux. On y parle des soins à prendre pour la cueillette des fruits , et de la manière de les conserver jusqu'au moment de les mettre au four. Tous ces détails sont précieux et ne doivent pas être négligés. La construction des claies est déterminée , celle des fours l'est également , et l'on recommande de n'employer au chauffage que du menu bois , tel que le sarment , les bourrées d'aubépine , d'ajonc , etc.

Le paragraphe relatif à la cuisson des pruneaux doit être médité dans toutes ses parties. Une analyse succincte serait insuffisante pour en faire ressortir toutes les combinaisons qui , d'ailleurs, peuvent varier suivant les tentatives et les expériences d'un chacun. Enfin , après avoir indiqué les moyens de conserver les pruneaux sans altération ,

le mémoire se termine par un aperçu du bénéfice
net que retire le propriétaire d'une production qui
s'est doublée depuis trente ans, sans que le prix ait
éprouvé de baisse ; ce qui est bien fait pour encourager les planteurs de ce département , et sti-
muler le zèle des autres agriculteurs français qui
voudraient enrichir leur pays de cette branche d'industrie.

M.
Lafont du Cujula,
incision
annulaire
sur la vigne.

Vous devez à M. Lafont du Cujula une notice
sur les instrumens avec lesquels on pratique l'incision annulaire sur les vignes , à l'époque de la
floraison, pour empêcher le coulage ; il mentionne
tous ceux dont on a fait usage pour faire cette opération en grand et avec célérité ; et après les avoir
comparés et appréciés, il recommande, comme en
ayant fait l'essai, la serpette à deux tranchans paral-
lèles, inventée par M. le chevalier de Lorimier. Ce
instrument qui a été exposé au Louvre, en 1823
avec les produits de l'industrie française, a valu
son auteur un brevet d'invention.

Céréales
inconnues.

Les recherches et les expériences de M. Lafon
tendent toujours à un but d'utilité générale. Dan
une notice sur la culture de quinze espèces de céréales, presque toutes exotiques ou inconnues dan
notre département, il a observé avec attention
pendant deux années consécutives, les périodes d
leur végétation , de leur développement , et d
leur fructification. Il a reconnu que dans leur nombre , il y en avait de très-précieuses, tant par leu

grand produit que par leur qualité, et dont notre agriculture pourrait s'enrichir : il cite entr'autres,

1.º L'avoine hâtive de Géorgie ; 2.º l'avoine patale; 3.º l'avoine noire de Hongrie ; 4.º l'orge nue ; 5.º l'orge noire ; 6.º l'orge éventail, l'orge ris, qui sont déjà très-connus en Angleterre et en Allemagne.

Dans une troisième notice, le même auteur nous a entretenus de la poudre anti-charbonneuse et végétative de Nicolet. Par l'emploi qu'il en a fait, il a constaté non-seulement sa complète inefficacité, mais encore des effets nuisibles qu'il pourrait lui attribuer. *Poudre végétative de Nicolet.*

En 1823, vous fîtes l'acquisition d'une charrue belge, provenant des ateliers de M. de Grisony, agronome très-distingué du département du Gers. Votre but était de faire connaître au département un instrument qui paraissait réunir de grands avantages. Il fut remis à M. de Raigniac, qui vous a présenté à ce sujet un travail très-étendu, dans lequel il rend compte des expériences auxquelles il s'est livré, et démontre que l'araire du pays, quoique très-imparfaite sous plusieurs rapports, est cependant propre à exécuter de bons labours, et même des labours très-profonds, au moyen d'un procédé dont il donne la description, et qui peut être employé par tous les laboureurs. *M. de Raigniac, charrue belge.*

M. Metges, de Penne, l'un de vos correspondans les plus zélés, vous a adressé une lettre dans laquelle il rappelle le triste état de notre culture à *Rapport sur la culture à moitié fruits.*

moitié fruits , et propose , pour exciter l'énergie de nos métayers , de distribuer des primes à ceux qui se seraient distingués par l'adoption de meilleurs assolemens, d'instrumens perfectionnés , ou l'élève d'animaux domestiques de races améliorées. Cette lettre , renvoyée à une commission spéciale , a été l'objet d'un rapport très-motivé, dans lequel M. de Raigniac vous a démontré que la position précaire des métayers s'opposait absolument à l'introduction d'aucune amélioration un peu importante , et notamment de celles proposées par M. Metges. Il ajouta que la première chose à faire était de les attacher au sol en les transformant en fermiers, et de les éclairer sur leurs véritables intérêts , en répandant dans les campagnes le bienfait de l'instruction , dont elles sont complètement privées.

Sur le prix fait avec de la farine de paille.

M. Grenier , horloger à Villeneuve-sur-Lot , pensant que la paille de froment pouvait contenir une quantité de substances alimentaires assez considérable pour qu'elle pût être employée à la nourriture des hommes, du moins dans les momens de disette , a cherché les moyens de la préparer de manière à ce qu'elle pût convenir à leurs organes digestifs. Dans ce but , il a réduit la paille en poudre très-fine , et l'a fait entrer en diverses proportions dans la préparation du pain de froment. Des échantillons de la farine de paille et du pain ainsi préparé vous ont été adressés , et de suite vous nommâtes une commission pour examiner la découverte de M. Grenier. M. Lalaurie père, médecin à Villeneuve, et votre associé, a fait partie de cette commission. Il vous a envoyé un très-bon travail sur l'analyse de la farine de paille, fait par M. Cedié, pharmacien; d'où il résulte que la paille contient bien un peu de fécule amilacée, et même d'albumine, mais probablement une trop petite quantité pour que les forces digestives de l'espèce humaine puissent la dégager du ligneux et des autres corps impropres à la nutrition qui en forment la très-grande partie.

La commission, en se prononçant négativement sur l'avantage que M. Grenier espérait tirer de ses recherches pour la nourriture des hommes, pensa néanmoins que cette découverte pouvait présenter plus d'intérêt, et même une utilité réelle sous le rapport de la nourriture des animaux domestiques. M. de Raigniac, son rapporteur, vous a rappelé que déjà depuis long-temps les Suédois nourrissaient leurs chevaux de poste avec du pain d'avoine, et vous a fait connaître un fait semblable consigné dans les annales de l'agriculture française, d'où il résulterait que les Flamands, après avoir suivi d'abord la pratique des Suédois, venaient depuis peu de la perfectionner, en faisant entrer la paille réduite en poudre très-fine dans la fabrication de ce pain.

Depuis très-peu de jours on a lu dans les journaux que M.gr le Dauphin ayant goûté à Dijon du pain fait avec de la farine de paille , en avait voulu emporter deux petits pains pour les montrer au Roi.

Cette annonce a provoqué la réclamation de M. Grenier, comme étant l'inventeur de cette nouvelle panification, et comme pouvant servir à constater ses droits à la priorité d'une découverte qu'un autre a peut-être amenée à sa perfection.

M. Lalaurie , avantages des fermes-modèles.

Dans un discours qu'il vous a communiqué , M. Lalaurie a exposé les grands avantages qui pourraient résulter des fermes-modèles dans le département de Lot-et-Garonne , et témoigné le désir d'y voir former quelque établissement de ce genre , soit par l'intervention du gouvernement , soit par la voie de souscriptions volontaires. Ce discours, que vous accueillîtes avec beaucoup d'intérêt , donna lieu néanmoins à diverses observations et à quelques discussions. Nul doute , disait-on parmi vous , que les fermes-modèles ou expérimentales ne soient le meilleur moyen de hâter les progrès de la science agricole , et il est impossible d'en faire mieux ressortir les avantages que ne l'a fait l'auteur de ce discours ; mais il n'est pas moins vrai que de pareils établissemens présentent dans notre département de grandes difficultés. Ceux qui ont été formés ailleurs aux dépens du Gouvernement , n'ont point en général réussi , soit par la rareté d'hommes assez instruits , ou assez dignes de la confiance publique , soit parce que les cultivateurs, naturellement enclins à la défiance , attribuaient presque toujours les succès obtenus aux fortes avances faites par le Gouvernement, que lui seul pouvait effectuer, et dont ils prétendaient que la somme surpassait souvent les produits. Le mode de souscription réalisé par une société de propriétaires, est peut-être le seul qu'on dût employer pour former cet établissement ; mais il offrirait encore beaucoup de difficultés dans son exécution, indépendamment du défaut d'un concours efficace de la part des autorités locales.

L'art vétérinaire se liant essentiellement à l'agriculture, M. Bareyre vous a rendu compte d'un mémoire de MM. Dorfeuille père et fils, vétérinaires au Port-Sainte-Marie, qui traite de la section du tendon du muscle cubito-phalangien (profond). Cette opération est nécessitée par une maladie qui affecte le tendon (ganglion tendinex) et en diminue la longueur. La sole du pied ne repose plus par sa surface inférieure sur le terrein, l'animal boite beaucoup et n'appuie que sur la pince. C'est à cette infirmité, désignée sous le nom de *pied-bot*, qu'on a voulu remédier par la section du tendon ; mais cette opération, déjà pratiquée à Lyon et à Alfort, n'a jamais été couronnée d'un plein succès, et la tentative de MM. Dorfeuille n'a guère été plus heureuse.

M. Bareyre, en payant sa dette particulière, vous a présenté le tableau des maladies qui ont régné sur les animaux domestiques durant l'année 1828, les causes générales, prochaines ou éloignées, qui ont

M. Bareyre, rapport d'un mémoire qui traite du pied-bot.

M. Bareyre, maladies des animaux domestiques.

contribué à leur développement, la nature et les caractères de ces maladies, avec le mode de traitement le mieux approprié.

Après avoir parcouru cette première partie de son sujet, l'auteur s'attache ensuite à parler de l'ostéo-sarcose, de la morve et du farcin.

La première de ces maladies se montre constamment aux mâchoires du bœuf; elle est beaucoup plus dangereuse à la mâchoire supérieure. Opposé à l'opinion de quelques vétérinaires, M. Bareyre ne pense pas que cette maladie soit curable, dans l'état actuel de la science, lorsqu'elle a acquis quelque degré d'intensité. Il serait à désirer que de nouvelles recherches fussent faites pour éclairer le traitement de cette maladie assez fréquente chez les animaux à grosses cornes.

Les deux autres maladies, la morve et le farcin, n'attaquent que des solipèles et sont beaucoup plus communes depuis que des chevaux sont employés sur la Garonne au halage des bateaux. Mal nourris, mal abrités, tantôt mouillés, tantôt secs, dégouttans de sueur et cependant toujours humides, ces animaux sont bientôt affectés du catarre nasal ou bronchique, et trop souvent de farcin et de morve. Atteint de cette dernière maladie, le cheval est vendu et va peut-être porter ailleurs l'affection incurable dont il est frappé.

ARTS MÉCANIQUES.

Dans une circulaire de MM. Laforest et Berryer, administrateurs de la société sanitaire contre le rouissage, vous futes invités à propager la découverte d'un mécanisme nouveau, aussi peu compliqué que peu coûteux, pour la préparation du chanvre, du lin, et en général de toutes les plantes textiles, sans avoir recours au rouissage, ni à aucun agent chimique. Selon les documens qui vous étaient parvenus, ce mécanisme avait pour avantage sur la méthode ordinaire:

1.º Une économie de plus de 2/3 dans les préparations à donner au chanvre et au lin, le peignage compris;

2.º L'augmentation d'un 20e sur la quantité et la qualité des longs brins;

3.º La diminution des étoupes et leur beauté bien supérieure à celles obtenues après le rouissage ordinaire ;

4.º L'emploi de la chenevote pour fabriquer de très-beau papier, sans mélange de chiffons et avec une moindre quantité de colle ;

5.º Enfin, l'assainissement des campagnes par la suppression des routoirs qui, soit à l'eau stagnante, soit à l'eau courante, sont si funestes à la santé des hommes et des animaux.

Après avoir examiné les échantillons de filasse

et d'étoupes de chanvre , joints aux instructions et au prospectus qui vous avaient été présentés , vous crûtes *devoir* inviter, solliciter même les agriculteurs de prendre connaissance de ces échantillons et des diverses pièces qui devaient être déposés chez MM. les maires des chefs-lieux de canton.

Mais ce qui accrut encore le vif intérêt que vous preniez à cette découverte, objet d'un prix de dix mille francs , proposé par la société d'encouragement pour l'industrie nationale , ce fut la remise sur le bureau, que fit votre secrétaire, des échantillons de chanvre préparé sans rouissage préalable par un jeune Agenais, qui faisait depuis quelque temps de cette question importante le sujet de ses méditations ; et de leur comparaison avec ceux envoyés par M. de Laforest, vous fûtes portés à croire qu'obtenus par des moyens analogues ils étaient au moins aussi parfaits ; vous applaudîtes à ces heureuses tentatives ; et, selon le désir de l'inventeur, qui voulut alors garder l'anonyme , vous fîtes consigner dans le procès-verbal de vos séances, la présentation de ce premier résultat de son travail , afin d'en constater la date , s'il y avait lieu.

Plus tard , des échantillons plus volumineux que les premiers furent mis sous vos yeux. Ils ne vous permirent plus de douter qu'ils avaient atteint le même degré de perfection de travail que celui obtenu par M. Laforest. Dès ce moment, le modeste auteur de cette découverte ne voulut pas faire un mystère de sa machine ; il vous la présenta , en manifestant l'intention de la faire connaître au public. Vous donnâtes les plus grands éloges à ce philantropique désintéressement.

Naguère encore, Messieurs, vous avez porté toute votre attention sur une machine à battre le blé, inventée par le sieur Layssac, charron, habitant du Caoulet, commune du Pont-du-Casse, canton d'Agen, et dont un modèle en petit vous fut présenté par M. Laffore, ingénieur en chef.

Vous vous empressâtes de nommer une commission, à l'effet de constater si cette machine, dont l'utilité et les avantages paraissent frapper au premier aspect, pouvait atteindre par ses nouveaux moyens le but que l'inventeur s'était proposé.

Un rapport très-lumineux vous fut présenté par M. de Sevin-Talives, membre de cette commission.

Après avoir énuméré les diverses machines en usage, non-seulement dans nos contrées, mais encore dans le Languedoc et même en Espagne, pour séparer le grain de l'épi, et dont il fait ressortir les inconvéniens, M. le rapporteur s'arrête à celle inventée par le sieur Layssac. Comme machine, dit-il, elle est construite suivant toutes les règles de l'art ; et, quant à son effet, il suffit de le constater. Il paraît que le premier rouleau, qui a 16 à 24 cannelures bien rapprochées, comme les dents d'une roue dentée, roule sans effort, sans secousse sensible sur la paille, la plie, la froisse, et prépare l'épi à laisser échapper le grain. Il a

2

pour but de supporter et de donner de la stabilité à la machine.

Le deuxième rouleau , qui est semblable , égal ou plus gros que le premier , dont il est indépendant , produit le même effet , et de plus engraine une roue dentée , de même diamètre à peu près. L'axe de cette roue dentée , qui fait la troisième partie , est armée de bras en ellipse qui appuient l'un après l'autre sur l'extrêmité de huit leviers en bascule , qui font une quatrième partie, leur font faire la bascule, et, par la détente, retomber de tout leur poids seulement sur la paille ; ce qui opère un battement continuel , à la manière des fléaux.

Ainsi , cette machine , continue M. le rapporteur, réunit les avantages du rouleau et du fléau. Elle n'est toutefois qu'un premier essai , qui sera perfectionné : une seule encore a fonctionné tout l'été dernier. Voici les renseignemens que j'en ai recueillis.

Dans une heure , et souvent moins encore , lorsque le temps est bien propice , on bat cent gerbes de blé ; tandis qu'avec le rouleau ordinaire , il fallait trois heures ; et à ce rouleau on mettait successivement trois chevaux qui en étaient à la nage, devant aller toujours au trot. Avec la nouvelle machine , un seul cheval allant au pas , sans être fatigué , produit le même résultat , sans exiger plus d'ouvriers.

Cette machine offre encore un autre avantage inappréciable : c'est qu'elle doit produire le même

effet , mue avec les animaux de trait qu'on rencontre dans toutes les exploitations , comme l'âne
ou les vaches , en aussi peu de temps ; tandis
qu'avec l'autre rouleau , il faut presque toute la
journée , et souvent encore son produit n'est pas
aussi satisfaisant ; car , un sol qui exigerait par
exemple huit batteurs au fléau seulement , en exige
encore quatre au moins avec le rouleau. D'où l'on
voit que pour les petites exploitations , la nouvelle
machine serait beaucoup plus avantageuse, tant sous
le rapport de la réduction du temps , que parce
qu'elle remplacerait, non la moitié , mais la totalité
des batteurs au fléau.

L'on peut cependant objecter que le pas des
vaches étant plus court que celui des chevaux , il
faudra plus de temps. Cela est vrai. Mais , ajoute
monsieur le rapporteur , en faisant ce rouleau ex-
près , il n'y a qu'à faire lever chaque battoir trois
fois au lieu de deux par chaque tour de rouleau
(si le pas des vaches est plus court d'un tiers) ,
soit en diminuant le diamètre de la roue dentée ,
soit en armant son arc de trois bras au lieu de deux,
pour produire le même nombre de coups de battoirs
dans le même temps. Ainsi sera résolu le grand
problème , de diminuer considérablement la main
d'œuvre du battage et du temps qu'il fallait y
sacrifier.

Le seul prix de cette machine qui exige beaucoup
de bois choisi et quantité de fer , peut la mettre
hors de portée des fortunes médiocres ; elle peut

toutefois s'en rapprocher , si l'on considère que , par sa construction et sa solidité , elle n'est pas sujette à se détraquer.

D'ailleurs , Messieurs , vous a dit votre rapporteur , en terminant son travail , l'auteur de cette machine, doué d'un génie qui s'est développé pendant son service dans l'artillerie , peut parvenir à la simplifier et à la rendre d'un usage général. Un changement opéré et dont il observera les effets , lui donnera de nouvelles idées et le conduira vraisemblablement à une perfection telle que ses avantages et son utilité la feront généralement adopter par nos cultivateurs.

MÉDECINE.

Plusieurs communications importantes vous ont été faites par ceux de vos membres qui sont spécialement dévoués à l'art de soulager et de guérir l'humanité souffrante.

M. Laffore , docteur, accouchement d'une femme rachitique.

M. de Bourrousse Laffore vous a lu un mémoire sur un accouchement d'une femme rachitique , obtenu à l'aide de la section de la symphise du pubis. Cette opération difficile et hasardeuse fut faite avec succès. La mère et l'enfant jouissent encore d'une bonne santé. Deux autres grossesses avaient eu lieu avant cette dernière et n'avaient pu se terminer qu'en tirant les enfans en pièces après leur avoir donné la mort.

Il a développé avec beaucoup d'étendue, d'érudition et de clarté, une opinion très-favorable sur un
mémoire de M. Goupil, docteur en médecine,
ayant pour titre : Connexions sympathiques de la
membrane musqueuse digestive avec les divers
organes de l'économie. Il a considéré le travail de
l'auteur dans tous ses détails, l'a offert sous tous ses
points de vue; et tout en rendant justice à son vaste
savoir et à sa manière d'écrire, a relevé quelques
erreurs dans lesquelles il était tombé comme tous
les partisans trop exclusifs d'un système qui a do-
miné la science médicale pendant quelques années.

Vous avez encore entendu un rapport très-dé-
taillé du même associé sur une dissertation médico-
légale de M. le docteur Richond, médecin au Puy,
sur une grave question qui a occupé deux cours
d'assises et la Cour de cassation.

Un cadavre avait été trouvé dans une position
bizarre, dans un fossé, appuyé sur le sommet de
la tête et la pointe des pieds, tout le corps formant
une sorte de voûte. On soupçonne un meurtre.
Ripsal et Galland, tous les deux pères de famille et
beaux-frères du défunt, sont traduits devant la cour
d'assises du Puy et condamnés aux travaux forcés à
perpétuité. Des doutes s'élèvent. Un faux témoin
est arrêté et convaincu d'avoir égaré la justice. M.
le docteur Richond prouve que la mort de l'individu trouvé a été produite par une apoplexie, suite
d'ivresse, et non par la strangulation ; et les deux
malheureux Ripsal et Galland sont acquittés à

l'unanimité par une nouvelle cour d'assises , après avoir gémi deux ans dans le bagne de Toulon.

Rapport
sur un mémoire
de M. Pons.

Toujours instructif dans ses communications , M. Laffore vous a mis à même de faire une acquisition précieuse par le rapport avantageux qu'il vous a fait sur un mémoire présenté par M. le docteur Pons , sur la rage , comme titre d'admission.

Rapport
sur un mémoire
de M. Vincent.

Vous devez au zèle infatigable de ce même associé une analyse très-bien faite sur un mémoire de M. le docteur Vincent , relatif aux tétanos. Cette redoutable maladie , vous a-t-il dit , est bien décrite dans cet ouvrage , et on y indique un nouveau mode de traitement qui consistait dans l'emploi de l'opium à dose 20 , 30 et même 50 fois plus forte que dans les cas ordinaires et dans l'usage des bains alcalins. Sur les conclusions de votre rapporteur vous signalâtes ce mémoire comme digne d'une attention particulière.

M. le doct. Pons,
mémoire
sur la rage.

Dans plusieurs circonstances vous avez eu à vous applaudir du zèle et du savoir de M. le docteur Pons. Son mémoire sur la rage fut honorablement distingué. Au milieu de ses observations scientifiques , nous signalerons notamment ses principales indications du traitement préservatif de cette affreuse maladie , traitement qui doit être fait le plus près possible du moment de la morsure , et qui devrait être connu de tout le monde.

Le docteur Pons conseille , aussitôt qu'un individu a été mordu par un animal présumé enragé , d'appliquer immédiatement sur la plaie une ventouse qu'on peut faire instantanément avec un verre, ou une tasse , en y faisant brûler ou un morceau de papier imbibé d'eau-de-vie , ou d'huile , ou d'eau de Cologne , ou tout simplement du papier ou des étoupes. On laisse la ventouse pendant quelques minutes sur la plaie ; pendant ce temps , on fait rougir au feu un instrument quelconque de fer : une grande clef , un grand couteau ; on enlève la ventouse et on brûle la plaie. Sur cette brûlure , on fait des scarifications ou incisions avec un instrument tranchant , rasoir ou canif , et on applique de nouveau la ventouse. On l'enlève après quelques instans pour cautériser de nouveau avec le fer rougi au feu. En attendant les secours du médecin , ce traitement qui peut être de tout temps et fait en tout lieu , préservera le plus grand nombre des mordus de l'absorption du virus de la rage.

Une notice traduite d'un journal anglais par M. de Saint-Amans, et dans laquelle on indique le charbon de bois pulvérisé comme un antidote contre les effets de l'arsenic sur l'économie animale , a fourni à M. Pons l'occasion de vous soumettre des observations très-curieuses à ce sujet. Il a combattu l'assertion de l'auteur anglais, démontré qu'elle n'est point nouvelle, ainsi que l'insuffisance reconnue du médicament proposé. Cette discussion l'a naturellement conduit à traiter de la théorie des empoisonnemens causés par l'arsenic, à développer les symptômes qui caractérisent ce genre d'empoisonnement , et à faire connaître les moyens employés pour éviter leur suite funeste.

Empoisonnement causé par l'arsenic.

Jugeant qu'il serait utile de répandre cette instruction, vous engageâtes son auteur à lui donner la publicité nécessaire, afin que les personnes les moins éclairées qui éprouveraient de pareils symptômes, se hâtassent de réclamer les secours de l'art avant que les ravages du poison les rendissent inefficaces.

Nous avons acquis la certitude que M. le docteur Pons publiera sous peu cette instruction.

Huile
de
Croton-Tiglium.

Parmi les nombreuses communications du même auteur, nous devons remarquer encore sa notice sur l'huile de croton-tiglium et son emploi. C'est un arbrisseau qui croît aux Indes Orientales. Ce purgatif est si violent, qu'une seule goutte dans un verre d'eau produit son effet avec autant et souvent plus d'énergie que les purgatifs les plus actifs que nous connaissons ; quelquefois même son emploi n'est pas sans danger. Pour le prouver, nous citerons deux exemples puisés littéralement dans cette notice. L'auteur s'exprime ainsi :

Premier Exemple. « Dans le mois de janvier
» 1828, un pharmacien de cette ville crut pouvoir
» en donner une goutte, une seule goutte, à une de
» moiselle qui le désolait depuis long-temps de lui
» donner une purgation ; mais cette demoiselle,
» livrée à la plus austère dévotion, quoique jeune
» encore, est atteinte d'une inflammation chroni
» que des intestins, qui la rend toujours valétu
» dinaire, et d'une maigreur remarquable. Elle
» avale cette seule goutte d'huile de croton éten
» due dans deux onces d'eau et du sirop de gomme,

» et bientôt des évacuations sanguines ont lieu.
» Elles se répétèrent vingt et quelques fois dans la
» journée, et continuèrent avec un peu moins
» d'intensité pendant deux jours et demi. Je fus
» mandé, et reconnus dans la disposition de la ma-
» lade qu'il n'y avait pas eu opportunité pour l'ad-
» ministration d'un si violent remède. Des muci-
» lagineux et des adoucissans calmèrent ces acci-
» dens avec assez de rapidité. »

2.ᵉ *Exemple* : « Voici ce qui arriva à mon fils :
» Il avait alors 6 ans et la turbulence de son âge.
» Vers la fin de décembre je terminais un cours de
» matière médicale. Au milieu de plusieurs échan-
» tillons de substances, était une fiole remplie de
» cette huile. Occupé de ce que je disais, mes élè-
» ves distraits par l'attention qu'ils me portaient,
» nous ne pûmes voir que cet enfant s'était emparé
» de cette fiole, et l'avait débouchée sans trop de
» précaution. Imitant les singes qui veulent tout
» imiter, il veut flairer le goulot de ce vase,
» comme mes élèves ont l'habitude de le faire
» pour toutes les substances ; l'odeur désagréable
» qui s'en dégage lui porte au nez et sympathique-
» ment aux yeux. Les doigts avec lesquels il te-
» nait le bouchon imbu de ce liquide, sont amenés
» avec rapidité sur le nez et les paupières. Il se
» plaignit d'une légère douleur. Il n'y avait pas de
» rougeur. Deux heures après on le coucha ; et
» quel fut mon étonnement de le voir le lendemain
» matin avec des phlystènes, qu'on nomme vul-

» gairement ampoules, qui lui couvraient tout le
» nez , une partie du front et les paupières du
» côté gauche ! Il était totalement défiguré ; et,
» en le voyant, on aurait cru qu'on venait de
» le retirer d'un brasier ardent. Cependant la
» rougeur était peu prononcée , et la douleur
» nulle. Je fis de petites incisions. Une sérosité
» abondante s'écoula ; il se forma bientôt une
» croûte, et deux ou trois jours après l'enfant fut
» guéri. »

Rapport
sur
des observations
médicales
du
docteur Guyot.

Dans un rapport sur un recueil d'observations
médicales , envoyées par M. le docteur Guyot,
médecin distingué de Villeneuve-sur-Lot, M. Pons
vous a fait remarquer que chacune d'elles était accompagnée de développemens précieux , et de réflexions judicieuses, exprimés dans un style clair ,
précis et propre au sujet.

Rapport
sur l'ouvrage
du
docteur Nugues.
Vaccine

Dans un second rapport très-étendu et très-lumineux, il apprécie un ouvrage de M. Nugues Delille,
médecin à Aiguillon , intitulé : *De la Vaccine et
des moyens de la propager.* Après avoir analysé le
travail de ce médecin , chapitre par chapitre , il lui
a payé un tribut d'éloges sur la manière dont il a
traité l'histoire de la vaccine. Le point le plus important de l'hygiène des peuples , et trop négligé
par les gouvernemens, celui des moyens de la propagation de la vaccine n'a été considéré par M.
Nugues, ajoute M. Pons , que par rapport à notre
département. Il est vrai que chaque département
pourrait suivre cet exemple ; mais l'auteur n'a pas

osé tout dire ; et notre rapporteur a saisi avec empressement cette occasion pour vous communiquer en peu de mots ses idées sur ce sujet , qui sont le résultat d'une réflexion soutenue , et comme un fragment d'un mémoire sur la propagation de la vaccine qu'il a retrouvé dans ses notes. Cette partie de son rapport étant imprimée à la suite de l'ouvrage de M. Nugues , nous nous dispenserons de la rappeler à votre mémoire.

Vos membres correspondans ont encore ajouté à ce riche tribut de lumière et de zèle. Parmi les ouvrages et les mémoires qu'ils vous ont adressés , nous distinguerons un résumé complet de médecine , composé par M. Felix Vacquié , médecin à Beauville , renfermant , dans un cadre cependant très-étroit , tout ce que son vaste sujet présente d'essentiel , et joignant au mérite d'une excellente méthode, celui d'un style pur et correct. Ce résumé fait partie de l'Encyclopédie portative , format in-32 , l'un des ouvrages les plus propres à répandre la connaissance des bonnes théories , et à tenir au courant de l'état actuel des sciences et des arts ;

M. le d.r Vacquié, Résumé complet de médecine.

Trois mémoires de M. Lalaurie , médecin à Villeneuve-sur-Lot : le premier , a pour objet le traitement d'une névralgie frontale rebelle , accompagnée de cécité , de céphalangie périodique , et radicalement guérie par l'usage des pilules de savon , où l'oxide d'arsenic entrait pour 1/16 ; ce curieux ouvrage , aussi bien pensé que bien écrit ,

M. Lalaurie, Névralgie frontale.

fait autant d'honneur au goût qu'aux lumières de
son auteur ; le second , qui réunit tous les genres
de mérite , traite des bons effets de l'opium dans
le traitement du tétanos , prouvés par des observations authentiques et récentes , et justifiés par les
résultats les plus heureux ; le troisième , sur la vaccine , constate les nombreux bienfaits que l'on
doit chaque jour à la découverte la plus utile dont
la médecine puisse s'honorer.

Tétanos.

Vaccine.

Rappelons celui de M. le docteur Gasc , de
Tonneins , sur les signes qui peuvent indiquer la
mort de l'enfant dans le corps de la mère , et qui ,
contenant plusieurs observations précieuses , se recommande par une théorie éclairée, et par le talent
qui caractérise les autres productions de l'auteur.

M le d.r Gasc ,
de
la mort de l'enfant
dans
le corps
de la mère.

N'oublions pas surtout de mentionner un ouvrage de M. Alfred Moquin-Tandon , docteur ès-
sciences à Montpellier , que vous prîtes en grande
considération , et que les médecins et les natura-
listes peuvent consulter tour-à-tour. C'est un essai
sur le dédoublement ou multiplication d'organes
dans les végétaux. Les observations curieuses et
nouvelles consignées dans cet écrit avec précision
et clarté , méritent au plus haut degré l'intérèt des
personnes qui se livrent à l'étude des plantes sous
le rapport de leur constitution physique.

M. Moquin-Tan-
don ,
dédoublement
d'organes
dans
les végétaux.

SCIENCES PHYSIQUES,

NATURELLES, CHIMIQUES ET MATHÉMATIQUES.

———

Le célèbre Dolomieu a dit qu'il expliquerait bien des choses sur la terre, s'il lui était permis de supposer qu'autrefois sa rotation eût été suspendue. M. Pérès, dans une savante et très-curieuse dissertation sur le miracle de Josué et sur le cataclysme qui en résulta, veut établir cette proposition et prouver que lorsque Josué donna en même temps ses ordres au soleil et à la lune de s'arrêter, il connaissait le vrai système du monde et notamment celui de la rotation de la terre sur son axe ; que cet événement fut la cause d'un déluge, et que ce déluge fut le même que celui qui arriva sous Deucalion.

Trois faits importans résultent de cette exposition ; il établit le premier en disant : Josué n'avait besoin que d'arrêter le soleil pour prolonger le jour, la présence de la lune lui était inutile. Il n'aurait donc donné ses ordres qu'au soleil, s'il avait cru pouvoir arrêter l'un sans arrêter l'autre ; et dès qu'il fit le même commandement au soleil et à la lune, il s'ensuit que Josué ne croyait pas que le soleil pût s'arrêter sans que la lune s'arrêtât, et que le mouvement des deux astres fût indépendant l'un de l'autre. D'ailleurs, il devait intimer simultanément aux deux astres l'ordre de

M. Pérès, Dissertation sur le miracle de Josué.

suspendre leur cours, afin que le peuple ne vît rien de surnaturel dans son commandement.

La rotation de la terre ayant été suspendue par cet ordre, il trouve dans l'état du globe une preuve permanente de sa seconde proposition :

Des disparitions de grandes terres qui étaient connues des Anciens, d'autres séparées ou réduites aux formes et aux limites qu'elles ont aujourd'hui, certaines régions couvertes de sable, des amas de coquillages sur telles ou telles côtes, des dépôts marins et fluviatiles se trouvant mêlés ensemble dans certaines contrées, tout lui annonce le bouleversement général, et cette effroyable inondation, qui furent la suite inévitable de la fixité de la terre sur son axe.

Ces faits sont expliqués par le mouvement rapide que reçurent les eaux lorsque la terre s'arrêta. Continuant à se mouvoir d'occident en orient, ses ravages se signalent déjà au sud-est, depuis la mer rouge jusqu'aux montagnes des Gattes et sur les côtes de Malabar. A l'équateur, la mer des Indes forme l'archipel asiatique et sépare l'Australasie de la presqu'île au-delà du Gange. L'Océan, le vaste Océan, lancé sans obstacle contre l'Amérique, détruit, renverse tout jusqu'aux racines des Cordilières qui, vers l'équateur, bordent aujourd'hui la côte occidentale de ces régions. Franchissant Panama et tombant dans la direction du nord-nord-est, que les monts de Samba lui donnèrent, il creuse le golfe du Mexique, forme

l'archipel américain et détruit les terres Atlantiques. Plié un peu vers le nord, mais toujours impétueux, il détache l'Islande et le Groënland de
l'Ecosse, et va heurter contre les montagnes du
Spitzberg, qui durent rejeter ses eaux vers le midi :
et en effet, ajoute-t-il, les eaux de la gauche,
refoulées dans cette direction, plièrent, celles de
la droite, et toutes ensemble, avec la vitesse et
la force prodigieuse dont elles étaient animées,
elles tombèrent sur la Norwège, la Suède et la
Russie, formant du nord au sud un courant dont
tous les géologues modernes ont reconnu les effets étonnans, sans pouvoir, en aucune manière,
remonter à sa cause ; et, se portant vers le sud
sud-est, le long du Pérou et le Chili, jusqu'à l'ex-
trèmité de la chaîne qu'elles tournèrent, elles se
jetèrent dans l'Océan méridional.

Celui-ci, précipité à son tour vers l'Afrique,
creuse le golfe de Guinée vers l'équateur, emporte
toutes les terres jusqu'aux montagnes du Congo,
et s'échappe de la mer des Indes en doublant le
cap de Bonne-Espérance. Au nord de l'équateur,
il creuse le détroit de Gibraltar, et allant frapper
contre les Pyrénées, qu'il met dans l'état de dégra-
dation où on les voit aujourd'hui, il forme le
golfe de Gascogne, le canal de la Manche, et
laisse des dépôts marins dans tous les lieux dis-
posés à les recevoir. C'est ainsi que se formèrent les
immenses déserts de l'Afrique et les Landes du
Portugal et de Bordeaux.

Il trouve encore de nouvelles preuves de ce second déluge, dans la formation diverse des terrains
et dans les singuliers dépôts qu'ils renferment.

Il examine ensuite les effets que la Méditerranée
produisit, résultant des mouvemens divers que les
eaux durent éprouver.

A l'ouest, elles rencontrent des rochers sou-
marins, qui s'étendent en flèche de l'Afrique vers
la France ; et par cette rencontre les eaux inférieu-
res séparées des supérieures, se portent directement
vers les embouchures du Rhône, creusent le golfe
de Lyon et opèrent d'autres accidens que peuvent
attester les plaines de Crau et la colline de Saint-
Chamas.

Les eaux supérieures coulant entre l'Afrique et
la Sardaigne, et rencontrant la côte occidentale
de la Sicile, se divisent en deux courans.

Le premier, celui de la gauche, longeant la
Sicile et tombant sur les Apennins qui le repous-
sent, il passe entre la Toscane et la Corse, creuse
le golfe de Gènes, et tournant dans la chaîne con-
cave des montagnes qui embrassent ce golfe, il
porte aux environs de Nice une grande quantité de
coquillages de cette mer.

Le second, celui de la droite, porté par le plan
incliné des montagnes qui bordent la côte méri-
dionale de Sicile, tombe sur l'Afrique, fait ébouler
toutes les terres depuis Cap-Bon jusqu'au Cap-
Razat, pendant que les plus hautes eaux se jettent
sur la Lybie, l'Egypte, l'Arabie, et couvrent

ces régions d'un sable immense. Les autres, refoulées vers l'Europe, coupent en deux l'ancienne Grèce, et creusent l'Adriatique; tandis qu'à l'ouest, d'autres courans, repoussés par d'autres points de la côte d'Afrique, forment l'Archipel européen, ouvrent le Bosphore et pénètrent dans la Mer-Noire; et qu'à l'est, d'autres eaux, s'échappant sur l'Arabie, y portent de nouvelles couches de sable, et séparant l'île de Chypre de la Syrie, rongent les terres de ces régions jusqu'aux racines du Taurus et du Liban, où elles viennent expirer.

Dans sa logique, toujours forte et pressante, et s'autorisant de la position topographique des lieux et des cartes les plus exactes de la Judée, M. Pérès veut ensuite prouver que le miracle de Josué eut lieu vers le 5 juillet de cette année-là, qu'il y avait 26 à 27 minutes que le soleil était levé lorsqu'il s'arrêta, et que ce jour fut aussi long que deux autres jours, comme le dit l'Ecclésiastique : *una dies facta est quasi duo.*

Passant aux anciennes traditions, il cite Ovide, Properce et autres qui parlent d'une nuit qui, par l'interruption des lois de la nature, dura autant que deux nuits ordinaires.

Or, si, dans certaines contrées, ajoute-t-il, il y a eu une nuit double, il a dû nécessairement y avoir en même temps ailleurs un jour double d'un autre jour.

Il établit sa dernière proposition par divers rapprochemens. Le déluge de Deucalion est le même

3

que celui d'Ogigés. Lors de ce déluge, un grand dérangement eut lieu dans les astres : une grande révolution s'opéra sur le globe. La rupture des colonnes d'Hercule, celle du Bosphore, les vestiges marins de l'Asie mineure, les coquillages fossiles qui bordent la Mer-Noire, la plaine de sable qui s'étend de cette mer jusqu'au lac d'Oural, les eaux de l'Océan portées de l'occident vers l'orient et formant le détroit de Gibraltar, toutes ces choses concourent fort bien avec tous les effets que produisit le déluge de Josué. Lorsque la terre s'arrêta, elle dut éprouver une violente commotion ; et Platon parle d'un tremblement qui eut lieu avec le déluge, sous lequel les terres Atlantiques périrent: Platon dit encore que ce déluge dura l'espace d'un jour et d'une nuit, ce qui revient à la durée que dut avoir le déluge de Josué. Enfin, pour dernière conclusion, il fait un rapprochement de dates pour établir l'identité des déluges de Deucalion et de Josué : l'un et l'autre étaient contemporains. Ils ont vécu en même temps un grand nombre d'années ; car les tables vulgaires placent la naissance de Josué à l'an 2460, et le déluge de Deucalion à l'an 2504 (depuis la création), d'où il résulterait qu'à cette époque Josué avait 44 ans.

« Ainsi, dit M. Pérès, en terminant, les tra-
» ditions recueillies par les auteurs profanes, aussi
» bien que l'état où nous voyons la terre, con-
» courent à attester avec nos livres saints du grand
» miracle qui a été l'objet de cette dissertation. »

M. Chaubard vous a communiqué une notice géologique sur les terrains du département de Lot-et-Garonne : à l'appui de son système, il présente d'abord un tableau divisé en deux colonnes. Dans la première, il offre les formations secondaires et tertiaires, et la série des termes qui leur appartiennent ; dans la seconde, la circonscription des formations et le nom qui leur a été donné.

M. Chaubard,
Terrains
du département.

Partant de ces indications, il prétend que les collines du département, à droite et à gauche de la Garonne, se composent des cinq dernières formations qui sont celles des calcaires crayeux, parisien, gypseux, anti-pénultien et dernier. On ignore, dit-il, si les calcaires jurassique et alpin sont au-dessous de la base de ces collines, revêtant le fond du bassin de la Garonne ; mais c'est très-probable.

Ces cinq groupes forment toujours des étages ou gradins superposés les uns au-dessus des autres, qui, de loin, permettent au géologue de reconnaître si la colline est composée de 1, 2, 3, 4 ou 5 formations.

Il note ensuite les faits relatifs à la position des couches de ces formations, et signale les remarques à faire relativement aux couches en elles-mêmes.

Les bornes de notre rapport ne nous permettent point d'entrer dans d'autres explications. D'ailleurs une rapide analyse serait insuffisante pour faire apprécier le mérite d'une notice spécialement consacrée à la description technique et monotone des terrains de notre département.

Le même auteur vous a fait remettre par M. de Saint-Amans, une nouvelle théorie de la vision. Dans cet ouvrage, il prétend démontrer par la géométrie, non-seulement la vision directe, mais encore l'usage du tableau renversé, qui ne sert point pour voir, comme on se l'est, dit-il, faussement imaginé. M. Chaubard ajoute que par là la vision des insectes qui n'ont point de rétine, par conséquent point d'image renversée, se trouve expliquée pour ainsi dire d'elle-même.

Une notice sur la découverte faite en 1824, d'une mine de fer natif à Taponat, près Laroche-Foucault, département de la Charente, par M. Clément de Laffore, capitaine d'artillerie, sous-directeur de la fonderie royale de Ruelle, vous a révélé les divers caractères qui distinguent cette mine précieuse, et dont le produit entre déjà pour un cinquième dans l'exploitation en grand du fer à la fonderie de Ruelle.

Cette notice, dont la lecture captiva singulièrement votre attention, a fait naître à M. Samuel de Laffore, son frère, l'idée de vous soumettre à son tour des observations très-intéressantes sur un sujet qui l'était déjà tant par lui-même. Il a comparé le gissement de la mine de Taponat, dont il vous a exposé un échantillon, avec les territoires qui recèlent des mines semblables en Saxe, en Sibérie, dans l'Amérique septentrionale, enfin,

Nouvelle théorie de la vision.

M. C. de Laffore, Mine de fer, à Taponat.

M. S. de Laffore, Comparaison des territoires des mines de fer.

à Oulle , près Grenoble. Il a trouvé dans la position du minerai , à Taponat, où il est exploité dans
des minières souterraines et profondes , un nouveau motif de croire avec Pallas et autres savans ,
que le fer natif est dû plutôt à la voie humide qu'à
la voie ignée , ou aux uranolithes , comme le pense
le docteur Chaleni.

M. de Saint-Amans , protecteur zélé de tout ce
que la science offre de bon et d'utile , vous a communiqué des observations sur les produits de l'alliage de l'acier avec divers métaux, tels que l'argent, le platine , le rhodium, l'iridium , etc. Ces
observations , extraites d'un mémoire de MM. Sto-
dard et Sadaray, inséré en 1823 dans les *transac-
tions philosophiques de la société royale de Londres*,
offrent des résultats curieux et peuvent devenir
très-utiles. On y voit que la combinaison de l'acier
avec l'argent à une $\frac{1}{500}$me partie du poids de
ce dernier , produit un métal plus dur que le
meilleur acier, et qui n'éclate pas sous le mar-
teau; qu'un poids égal d'acier et de rhodium donne
un métal dont la polissure offre une surface de la
plus grande beauté , et qui ne se ternit point par
l'exposition au grand air ; que les mêmes proportions d'acier et de platine produisent un métal,
lequel, après avoir été poli, a l'apparence du cristal;
que les alliages de l'acier avec l'or, l'étain, le cuivre
et le chrôme , ont été faits sur une petite échelle
et ne présentent pas des résultats intéressans ; enfin,
qu'il ressort du travail de ces célèbres chimistes un

M. de S.t-Amans,
Produit
de l'alliage
de
divers métaux.

fait remarquable , c'est que lorsque le fer pur a été employé au lieu de l'acier , les alliages ont été beaucoup moins sujets à l'oxidation.

M. de Raigniac, Forage des puits artésiens.

Vous avez eu, Messieurs , à vous occuper d'une question de la plus haute importance , sous le rapport de la salubrité publique : le forage des puits artésiens. M. de Lugat, dont la sollicitude pour ses administrés se manifeste chaque jour par de nouveaux bienfaits , et qui déjà avait considérablement amélioré les fontaines et les puits publics, a voulu essayer de faire plus encore , en amenant à la surface du sol des eaux souterraines , tirées d'une grande profondeur , et toujours beaucoup plus pures que celles que l'on puise dans la couche supérieure. Vous avez été consultés par ce zélé magistrat pour savoir quel degré de probabilité de succès présentait cette opération dans notre département ; et vous avez répondu, d'après l'avis d'une commission nommée à cet effet et sur le rapport de M. de Raigniac , que la formation du terrain de l'Agenois paraissait assez semblable à celle du nord de la France , pour offrir les mêmes chances de succès ; qu'à la vérité on ne pouvait jamais être assuré de rencontrer des eaux courantes souterraines , et encore moins de les voir jaillir à la surface du sol, par un coup de sonde donné en un point déterminé ; mais que l'avantage était assez grand , dans le cas de la réussite , pour que l'opération méritât d'être tentée. Nous ajouterons aujourd'hui qu'il est à regretter que le forage entre-

(39)

pris sur la place royale , et d'ailleurs très-bien dirigé , ait été suspendu avant que l'on fût parvenu à une profondeur suffisante pour permettre d'en tirer quelque conclusion.

ANTIQUITÉS.

Nous éprouvons ici personnellement un regret de ne pouvoir vous entretenir avec détail de ces savantes et curieuses notices sur l'histoire et les antiquités de notre département , que nous devons au zèle infatigable de M. de Saint-Amans , notre vénérable secrétaire perpétuel, parce que , trop modeste pour les analyser dans vos registres , il ne les a le plus souvent mentionnées que par leurs titres.

C'est ainsi que vous avez entendu successivement :

Sa notice sur l'emplacement du palais Cassinogilus , momentanément habité par Charlemagne, et où naquit Louis I.er , dit le Débonnaire , qui a long-temps été un sujet de controverse.

Celle sur l'ancien *Excisum* , aujourd'hui Eysses, dont l'origine remonte à des temps si reculés, qu'il n'est plus permis de douter qu'il existait sous Antonin , puisque , d'après les relations historiques, il s'y arrêta lors de son voyage de Périgueux à Agen.

Une troisième qui traite des monumens historiques ou des arts qu'offraient les établissemens religieux détruits depuis plus de 30 ans dans notre département.

Sa notice qui embrasse la description d'une grande partie de l'arrondissement de Villeneuve. Cette dernière ville, Eysses, Penne, si fameuse dans toutes les guerres qui désolèrent ces contrées durant plusieurs siècles, Tournon, Monségur, Montsempron et Condat, que l'illustre Buffon fit visiter par notre savant compatriote Lacepède, sont tour à tour l'objet de ses recherches, comme historien, archéologue et naturaliste.

Enfin celle qui retrace toutes les circonstances du siège et de la prise de Tonneins.

Une prochaine publication des ouvrages de ce savant et laborieux écrivain vous est annoncée. Vous aurez alors à vous consoler de cette sommaire indication, qui ne peut laisser dans vos esprits qu'une idée très-imparfaite et très-fugitive de tout ce qu'il vous a lu dans vos séances particulières. Toutefois vous avez encore présente à votre souvenir la grande variété des connaissances qu'il a déployées dans cette vaste entreprise, et cette simplicité de style à la fois élégante et correcte qui fait oublier l'aridité du sujet, alors qu'il est appelé à des détails scientifiques, ou à se livrer à des discussions historiques.

———

VOYAGES.

M. Lèbé , dont les momens sont presque tous absorbés par les honorables fonctions dont il est revêtu , vous avait déjà fait pressentir, dans une analyse improvisée avec cette facilité , cette précision et cette richesse de talent que lui seul semble ne pas soupçonner , tout le mérite de deux chapitres d'un grand ouvrage de M. Arbanère , intitulé : *Tableau des Pyrénées françaises* , imprimé en 2 vol. in-8° , lorsque M. de Saint-Amans voulut , dans un rapport sur l'ensemble de ce même ouvrage , vous transmettre le résultat des sensations que la lecture de ce livre lui avait fait éprouver , quoiqu'il fût loin de soupçonner, comme il le dit lui-même , tout l'intérêt qu'il devait lui inspirer , tout le plaisir et le profit qu'il allait trouver à le parcourir.

En effet , continue M. de Saint-Amans , cet ouvrage embrasse toute la chaîne des Pyrénées françaises , depuis Perpignan , où elle semble sortir de la Méditerranée , jusqu'à Saint Jean-de-Luz , où elle s'enfonce sous l'Océan. Dans cette vaste étendue , M. Arbanère ne laisse aucune vallée , ni parallèle , ni perpendiculaire à cette chaîne , sans la décrire dans le plus grand détail. Sous le rapport géographique , géologique , politique ; sous celui du commerce de l'agriculture , de l'in-

dustrie et du régime pastoral, il se montre partout
moraliste, ami des hommes, et fait souvent preuve,
je ne crains pas de le dire, d'un talent très-distingué dans les tableaux poétiquement coloriés, dont
ses descriptions sont animées. Toujours remplies
de torrens écumeux, de cascades, de cataractes
bruyantes, de glacières azurées, de neiges éternel-
les, M. Arbanère a senti qu'elles pourraient paraître
à la longue au plus grand nombre de lecteurs
d'une monotonie fatigante : aussi, d'après cette
sage réflexion, il les a parfois interrompues, pour
se livrer à des discussions savantes, ou sur la formation des montagnes primitives, ou sur la géo-
logie du globe terrestre, ou sur les beaux-arts, et
surtout sur la peinture, dans la partie philosophi-
que de laquelle il paraît très-initié. L'exactitude la
plus rigoureuse recommande l'ouvrage de M. Arbanère. M. de Saint-Amans le déduit, pour la partie
des montagnes qui ne lui sont connues que par les
relations des autres voyageurs, par celle dont il
s'est assuré dans la portion des hautes Pyrénées
qu'il a tant de fois parcourues. Enfin l'infatigable
observateur a couronné ses intrépides excursions,
en s'élevant au sommet du Mont-Perdu. Comme
le célèbre Ramond, il est allé chercher en Espagne la route de cette montagne long-temps crue
inaccessible ; mais il n'a suivi les traces de ce naturaliste qu'à son retour, puisque dans son ascen-
sion il a passé par la brèche que Roland n'a-
vait pas traversée.

LITTÉRATURE ET POÉSIE.

———

Votre Société ne s'est pas bornée à devenir ex-
clusivement agricole et scientifique : elle a pensé
que la littérature et la poésie n'étaient pas étrangères au but de son institution ; et quelques instans
de vos séances ont été consacrés à la lecture de
ces ouvrages de goût et d'imagination , qui servent
de délassement à l'esprit fatigué par des combinaisons plus graves , et qui répandent tant de charmes et de consolations sur toutes les époques de la
vie.

Vous avez applaudi aux inspirations lyriques de
M. Duvignau , lorsqu'il vous a retracé cette bataille sanglante et mémorable dont les résultats devaient décider du destin de la Russie ou de la
Suède (1). Vous avez éprouvé des émotions plus
touchantes , lorsque dans une ode écrite des rives
de la Néva , vous l'avez entendu soupirer après la
patrie absente, qui parle toujours si haut dans un
cœur généreux , et se prendre d'un doux atten-
drissement au souvenir de son fleuve natal (2).

Horace est un des poètes qui ont le plus appro-
ché de la perfection; et c'est sans doute cette même

M. Duvignau ,
Poésies diverses.

———

(1) La bataille de Pultava, ode.

(2 La Garonne , ode.

perfection, la hardiesse des figures et la magnificence des expressions de ses poésies, qui ont fait échouer la plupart de ses traducteurs. M. Duvignau n'a pas redouté la difficulté de ce travail ; et l'élégance, la concision et la fidélité des odes que vous avez entendues, vous ont prouvé que son entreprise n'était pas trop téméraire.

Sa muse a déserté quelquefois les hautes régions du Pinde, pour tenter des essais dans un genre plus tempéré; et la lecture de ses fables et de son conte, *Bonheur et Malheur*, a souvent provoqué parmi vous un sourire de satisfaction.

M. Desmolin a payé un tribut presque aussi riche et non moins poétique.

Si, d'un côté, les fragmens qu'il vous a communiqués de sa tragédie de *Cléopatre*, vous ont fait naître le regret de ne pouvoir juger l'ensemble de cette composition, que le mérite du style et du dialogue semblait recommander ; de l'autre, vous en avez été dédommagé par la lecture de son drame intitulé : *Fénélon*. Ce drame rappelle un de ces traits de bienfaisance si communs dans la vie de l'illustre archevêque de Cambrai, dont la religion et la vertu, les lettres et l'humanité, perpétueront à jamais le souvenir dans la mémoire des hommes. Ce serait nous étendre beaucoup trop que de vous présenter l'analyse de cette pièce estimable dans plusieurs parties de l'art dramatique et toujours élégante et pure dans sa diction. Nous dirons seulement que vous avez été attendri, et que M. Des-

(marginal note:) M. Desmolin père, Pièces dramatiques. Sylla, ode.

molin devait se promettre d'exciter parmi vous le plus vif intérêt. Un poète moderne, l'auteur des *Etourdis*, n'a-t-il pas dit avec une heureuse simplicité d'expression, dans un conte charmant sur le même sujet :

Parler de Fénélon, c'est un titre pour plaire.

Vous avez encore entendu ce chant de réprobation contre la mémoire de ce barbare dictateur de Rome, de ce farouche Sylla, qu'aucun tyran n'a jamais égalé dans ses crimes, ses vengeances et ses cruautés ; et les accens de sa muse lyrique ont souvent répondu à l'élan d'indignation et de colère dont elle avait été saisie.

Les talens ne sont pas toujours héréditaires dans une famille. Heureux les pères qui peuvent communiquer à leurs enfans ce désir ardent de connaître, ce besoin impérieux de s'instruire, qu'ils puisèrent eux-mêmes dans l'excellence d'une bonne éducation !

Vous offrez parmi vous, Messieurs, plus d'un exemple de cette semblable et précieuse transmission.

M. Desmolin fils s'est montré pénétré de l'esprit de son modèle dans une traduction en vers français de l'ode d'Horace : *Nunc est bibendum*, (37.ᵉ liv. 1.ᵉʳ), qu'il a lue dans une de vos séances. M. Jul. Desmolin, Ode d'Horace.

Il s'est fait encore remarquer comme prosateur par son ouvrage manuscrit, dans lequel il traite des devoirs du magistrat, de la haute importance de ses fonctions, de l'intégrité de ses mœurs publi- Discours.

ques et privées, et des talens qui doivent lui mé-
riter l'estime et la considération publique.

M. Phiquepal,
Traduction
de
Martial.

Martial trouverait parmi vous un bien digne
interprète, si M. Phiquepal d'Arusmont voulait lui
consacrer quelques instans de loisir, que doit réclamer parfois le sérieux de ses travaux ordinaires.

M. Patissié,
Poésies diverses.

Un de vos correspondans le plus laborieux, un
poète à qui vous allez aujourd'hui même décerner
une couronne, M. Jude Patissié, a puissamment
contribué par son zèle et son talent à rompre l'u-
niformité de vos discussions scientifiques.

Vous avez successivement reçu de lui une *ode
à Molière*, où l'auteur signale en vers harmonieux
les chefs-d'œuvre dramatiques du Térence français;
une *ode dithyrambique sur la mort du général Foi;*
un poëme intitulé : *Les funérailles de Parga ;* une
ode sur les volcans, dans laquelle se fait remarquer
la strophe, où la mort de Pline l'ancien est décrite
en vers pleins de verve et de sentiment ; une *épître
à son cousin Jacques*, sur sa nomination à la
chambre des députés, qui respire une plaisanterie
fine et piquante ; une ode *à la Mort* et une élégie
intitulée : *Le Tombeau d'Elvire*. Votre vénérable
secrétaire-perpétuel, en consignant sur vos registres
la lecture de ces deux pièces, a dit : que vous aviez
donné des éloges à leur auteur ; qu'en débutant
avec de pareils titres sur notre horizon poétique,
ce nourrisson des muses mériterait sans doute un
jour d'être leur favori. Heureuse prévision de son

goût et de son esprit, qu'il voit se réaliser en ce jour !

Vous n'avez pas encore perdu le souvenir de l'impression profonde que fit sur vos esprits cette belle et touchante élégie que sa muse semble avoir soupirée sur la tombe même de l'infortuné d'Enghien. Cette production, d'une ame sensible, d'une plume exercée, laisse peu de prise à la critique. Son style est harmonieux et facile ; et l'expression poétique est pleine de verve et d'indignation, lorsqu'elle rappelle les horribles circonstances d'un assassinat aussi lâche qu'inutile.

Protecteurs nés de tous les genres de mérite, et convaincus d'ailleurs qu'une langue n'est plus vulgaire, alors qu'un vrai talent sait la rendre digne des dieux, vous avez voulu donner un témoignage honorable de votre estime à M. Jasmin, coiffeur, de cette ville, connu par des poésies pleines de verve et de goût, en l'admettant dans une de vos séances, pour entendre la lecture de plusieurs productions nouvelles. Leur succès n'était point douteux ; elles enlevèrent tous les suffrages ; et l'auteur, dont la place est déjà marquée au rang des poètes gascons les plus aimables et les plus spirituels, reçut des félicitations dont les magiques effets devaient agrandir son génie, exciter son émulation et le ramener auprès de vous pour recevoir une couronne.

M. Samazeuilh, de Nérac, qui prouve par le rang distingué qu'il tient au barreau de cette ville,

M. Jasmin, Poète Gascon.

M. Samazeuilh, Ceinture du Basque, nouvelle.

et par les ouvrages littéraires qu'il a publiés , que la science des lois et le commerce des muses ne sont pas incompatibles, vous a fait hommage d'une nouvelle, intitulée : *la Ceinture du Basque*, ou *l'origine des écharpes*.

Cette anecdote, dont le but principal est de dépeindre ces scènes de désolation, ces bouleversemens affreux, ces avalanches terribles qui portent, avec la rapidité de l'éclair, le désordre et la confusion dans les lieux qu'il a si bien décrits (1), offre une action très - dramatique, les situations les plus touchantes, les traits du plus sublime dévoûment, et un intérêt tellement soutenu, qu'il enchaîne même l'attention la plus indifférente. Nous n'ajouterons rien à ces éloges. Ils deviennent superflus, quand vous avez prodigué les vôtres à cette estimable composition.

Nous ne passerons pas sous silence une des époques les plus mémorables que puissent offrir les fastes de votre société, puisque, pour en consacrer le souvenir, et, sur la demande de votre secrétaire, appelé par ses fonctions à recueillir principalement tout ce qui peut concourir à son illustration et contribuer au succès de ses travaux , vous fîtes consigner sur vos registres le discours de remercîment de M. le baron Feutrier, alors préfet du département , et la réponse de votre président.

(1) Souvenirs des Pyrénées (suite) , tom. 2,

Dans le premier de ces discours, l'orateur vous a fait voir l'origine et les progrès de votre société. Après avoir tracé largement ce tableau, il s'arrête avec complaisance à rappeler les services que vous avez rendus aux sciences et aux lettres, et les titres qui vous assurent une gloire modeste et des droits à la considération publique.

« Chacun de vous, dit-il, s'est d'abord attaché
» à l'étude d'une science spéciale, et il a bientôt
» porté plus loin ses méditations, en mettant à profit
» les matériaux réunis par des mains amies. L'un
» de vous, illustre interprète des lois, honneur
» de la magistrature, portant à l'aise le poids d'un
» travail journalier auquel peu d'hommes d'élite
» pourraient suffire, s'est en même temps livré à
» l'étude des plus hautes questions de l'ordre social,
» et n'a cherché qu'une distraction dans des pro-
» ductions diverses. L'une de ces dernières est in-
» titulée : *Mes adieux à la campagne.* Une boutade
» contre l'étude l'a inspirée. Nous ferons comme l'au-
» teur, Messieurs, nous ne la prendrons pas trop
» au sérieux, et nous ne lui reprocherons pas une
» illusion d'un moment. Sa vie entière en est la
» plus noble et la plus complète expiation.

» Un autre, l'émule et l'ami des Lacépède et
» des Ramond, vous a donné les résultats de ses
» recherches sur les maladies qui affectent nos
» plantations. Il a dicté les principes élémentaires
» de la botanique ; il a étudié les Antilles ; il a
» décrit notre sol, visité les Pyrénées, séjour alors

4

» des savans dont l'éclat devait plus tard consoler
» la France de ses désastres intérieurs. Linnée lui
» a dû son éloge; et en même temps associé à ses
» confrères, il a fait connaître les moyens d'amé-
» liorer le régime des marais et de remédier aux
» abus des défrichemens ; puis il s'est délassé à
» répandre l'intérêt sur des événemens imaginaires,
» auxquels il a prêté le charme de son style.

  » Un autre encore, dont le nom marque dans
» les souvenirs honorables que vous gardez à mes
» prédécesseurs, et qui comme eux s'est enrichi du
» suffrage des gens de bien, fait preuve d'une
» érudition vaste et exacte à la fois. Les Alpes,
» Fréjus, ce département, sont le sujet de ses ob-
» servations : l'antiquité, comme les temps moder-
» nes, n'a point de secrets dont il ne s'efforce de
» lever le voile. D'un autre côté, les grands hom-
» mes dont le pays a été fécond trouvent des plumes
» éloquentes qui nous transmettent leurs travaux
» et leurs vertus. La bonté, cette douce qualité du
» cœur, la gloire et ses écueils, la poésie, la musi-
» que, l'harmonie, la vérité, qui n'est que l'har-
» monie vue de haut, tous ces sujets, si variés,
» trouvent des chantres habiles, tandis que l'agri-
» culture et les arts ne manquent pas d'adeptes
» zélés. »

M. Bergognié, Réponse au discours de M. Feutrier.

En répondant à M. le baron Feutrier, M. le président Bergognié n'a rien omis de ce qui pouvait justifier votre empressement à accueillir l'honorable vœu qu'il avait formé de s'associer à vos travaux.

« Si l'agriculture, cette véritable richesse des
» Etats, a-t-il ajouté, doit aux méditations, aux
» soins et aux utiles expériences des membres de
» la société, des améliorations ; si nous avons su
» exciter l'émulation des amis des lettres, des
» sciences et des arts ; si l'industrie nous doit des
» encouragemens, cette société, aidée de vos lu-
» mières, secondée par vos talens, protégée par
» une administration dont vous êtes le chef, mar-
» chera rapidement à des succès plus heureux et
» plus assurés. »

Enfin, Messieurs, celui qui, dans ce moment, M. Hugon.
trouve un charme infini à retracer à vos yeux l'exposé de vos travaux divers, n'a apporté qu'une
bien faible part dans la masse de vos richesses.
Toutefois, s'il a cru ne pas devoir s'éloigner de
ses occupations ordinaires et ne pas acquitter son
tribut poétique, il s'est consolé de ce sacrifice, en
vous donnant d'autres gages de son amour et de
son zèle pour tout ce qui peut contribuer à l'ac-
croissement de vos lumières, et au développement
de moyens susceptibles d'entretenir le goût de la
littérature.

C'est ainsi que sur des rapports que vous l'aviez Divers rapports.
chargé de vous faire, vous vous êtes empressés de
multiplier vos coopérateurs, et d'admettre dans
votre sein des littérateurs et des poètes qui vous
ont amplement dédommagés de tout ce qu'il aurait
pu vous communiquer lui-même. C'est ainsi que, Discours
sur
dans un discours écrit, il vous a invités à proposer l'utilité
des concours.

des prix d'éloquence et de poésie, de même que vous l'aviez fait plusieurs fois, et avec un succès dont vous vous êtes applaudis. Il a rappelé à cet égard la proposition qui vous fut faite sur le même sujet dans une séance déjà très-ancienne, et a motivé la sienne sur la convenance de justifier aux yeux du public le titre que porte votre Société, en faisant marcher de front les lettres et les beaux-arts avec l'agriculture, à laquelle il a rendu l'hommage qui lui était dû. En un mot, il a fait ressortir l'avantage d'offrir aux jeunes gens instruits l'occasion de s'occuper d'une manière aussi agréable qu'utile, de cultiver leur esprit, et de se distinguer dans la carrière des lettres, qui rentre essentiellement dans le but que votre Société s'est toujours proposé.

PRIX.

L'agriculture et les beaux-arts ont reçu une assez large part dans la distribution de vos couronnes.

Debon, doreur.

L'art du doreur a été encouragé dans la personne du sieur Debon, par le prix qui lui fut décerné ; et votre commission manifesta le regret de n'avoir pas un second prix à donner pour le partager entre les sieurs Franclet et Feuilles, dont le travail n'était pas sans mérite.

M. Lespiault.

Sur un rapport très-motivé que vous fit M. de Saint-Amans, un mémoire de M. Lespiault fut couronné pour avoir parfaitement développé quelles étaient les connaissances nécessaires à un agriculteur, propriétaire dans le département de Lot-et-Garonne, afin de vivre à la campagne d'une manière utile pour lui, et pour les coopérateurs de ses travaux agricoles ; question que vous aviez proposée dans un de vos concours.

Plus tard, vous proposâtes la question suivante : Quelle est l'industrie agricole ou manufacturière, ou en même temps agricole et manufacturière, qu'il importe le plus de créer ou d'encourager dans le département de Lot-et-Garonne, et quels sont les moyens d'atteindre le but proposé? On eut lieu de s'étonner qu'une question si vaste, et qui présentait tant d'intérêt, eût si peu excité l'émulation des hommes éclairés de notre pays. Le terme fixé par la remise des mémoires était passé, que la Société n'en avait encore reçu aucun. Elle crut alors, en accordant un délai aux concurrens, devoir faire quelques changemens au programme, et leur permettre de ne traiter à volonté qu'une partie de la question. Néanmoins un seul mémoire vous parvint, M. Auriscote, et vous décernâtes le prix à son auteur, M. Auriscote, sur le rapport de M. de Raigniac, organe de la commission d'agriculture. Quoique ce travail laissât beaucoup à désirer, le grand nombre de vues utiles et d'aperçus très-justes qu'il renferme, principalement sur l'état de notre industrie manufacturière, auraient fait souhaiter qu'il fût livré à l'impression.

Le prix était une médaille d'or de la valeur de 3oo francs, dont les fonds furent faits par le même homme de bien , qui avait donné précédemment le prix pour la culture du prunier ; et , à cette occasion , nous croyons devoir vous faire connaître quelles étaient les intentions bienfaisantes de ce bon citoyen. Il se proposait de donner pareille somme tous les ans pour l'encouragement des arts utiles dans notre département , et pensait même à doter la Société d'un fonds suffisant pour le continuer après lui. Il est à regretter que ces intentions généreuses n'aient pu se réaliser, et que le donateur ait été découragé par le peu de succès qui répondait à son zèle.

Primes de 100 fr. aux sieurs Marchet et Mauga.

Enfin , Messieurs , dans la dispensation de vos faveurs , vous n'avez pas oublié le simple agriculteur ; et les sieurs Marchet , de la commune de Cours , arrondissement d'Agen , et Mauga , de Montagnac - sur - Auvignon , arrondissement de Nérac , ont obtenu , à titre d'encouragement , une prime de 100 fr. chacun ; le premier , pour l'industrie et la persévérance qu'il apporte dans ses travaux agricoles ; le second , pour avoir introduit dans le département une nouvelle méthode de cultiver la vigne , et dont le succès est consacré par une longue expérience.

Il est temps , Messieurs , de nous arrêter. Heureux si , en offrant cette longue énumération de titres à la faveur publique , nous avons pu faire excuser l'absence de nos propres moyens , et captiver la bienveillance et l'intérêt de cette assemblée nombreuse et choisie , que le goût des lettres et l'amour des talens ont réunie dans cette enceinte !

Après la lecture de cette notice ,

M. *de Raigniac* lit , pour M. *de Laffore* , ingénieur en chef du département, plusieurs fragmens d'un *traité très-étendu sur les chemins vicinaux.*

M. *Phiquepal* , pour M. Pérès , sa dissertation sur le *grand miracle de Josué* et sur le *cataclisme qui en résulta.*

M. *Samazeuilh* , de Nérac , son élégie intitulée : *La couronne de fleurs.*

M. *Desmolin* père , une cantate sur le *lever du soleil.*

M. *Duvignau* , une ode intitulée : *La Garonne* ; écrite des bords de la Néwa.

M. *Hugon* lit ensuite l'extrait suivant de son rapport sur le concours de poésie.

EXTRAIT

DU

RAPPORT SUR LE CONCOURS.

La commission nommée par la société pour l'examen des ouvrages envoyés au concours, donna connaissance de son travail dans la séance du 5 mai 1830. Ce n'est qu'un léger fragment de ce travail que l'on imprime aujourd'hui à la suite de cette notice.

L'inauguration de la statue de Henri IV, à Nérac, le 3 mai 1829, vous inspira l'heureuse pensée de perpétuer le souvenir de cette imposante solennité, de cette fête de famille où tant de sentimens divers furent confondus, en conviant les Muses de la Patrie à le célébrer dignement dans leurs vers.

L'événement a justifié vos espérances. Sur 39 ouvrages qui vous ont été présentés, 2 sont écrits dans l'idiôme gascon.

Après avoir rendu compte avec exactitude et fidélité des motifs de son jugement, dans l'objet, non-seulement de justifier son impartialité, mais encore d'éclairer par des avis salutaires ceux des concurrens qui offraient moins de beauté que de défaut,

La commission a pensé que le n.° 3 portant pour titre : *Ode à la mémoire de Henri-le-Grand*, et pour épigraphe : *Arcus enim et statuas* , etc. , était digne du prix de 3oo fr.

Et par une disposition toute particulière , et attendu le mérite qu'elle a remarqué dans la composition d'une pièce écrite en langue vulgaire intitulée : *Lou très de May* , elle a proposé de fonder un autre prix pour ce genre de poésie et de le décerner à son auteur.

Le rapport de la commission se terminait ainsi :

Messieurs , vous n'avez pas été trompés dans le but que vous vous étiez proposé , dans les espérances que vous vous étiez promises par ce concours. Puissent les couronnes que vous allez donner , réveiller parmi nous le désir de l'étude , l'amour des belles-lettres , favoriser l'impulsion du génie qui , peut-être , n'attend qu'un signal pour se développer et se faire connaître, et exciter une émulation d'autant plus utile qu'elle est la source première de toute sorte de succès ! Mais ce qui , dans l'intérêt des vrais principes littéraires , doit nous faire éprouver une satisfaction plus douce encore , c'est d'avoir à nous féliciter de ce que les fausses doctrines de la nouvelle école n'ont point exercé leur influence sur les nombreux concurrens que vous aviez appelés dans la lice; car malheureusement un esprit de vertige semble s'être emparé de nos jeunes poètes pour donner un libre essor à ce genre monstrueux et bizarre qui , en secouant le joug de toutes les règles , cherche par son style énigmatique, ses métaphores exagérées,

ses tournures étranges et inusitées, ce renversement de construction aussi ridicule qu'inadmissible , à détruire , à mutiler cet idiôme admirable , cette langue devenue en quelque sorte universelle par les chefs d'œuvre qui l'ont illustrée et que les ouvrages des Pascal, des Boileau et des Racine auraient dû rendre à jamais fixe et invariable. Cependant il serait injuste de prétendre que le romantisme n'a point amené dans notre littérature quelques innovations heureuses. Il ne faudrait, pour s'en convaincre, que relire les belles pages de Lamartine et de Châteaubriand , où prédomine l'une des qualités essentielles du nouveau genre , ce caractère religieux et sentimental qui répand sur ses productions une teinte mélancolique et rêveuse qui sait nous attacher encore, parce qu'elle est pleine de douceur et de charme. Mais, comme l'a dit très-bien un adepte de la nouvelle secte : « La profondeur des romantiques devient
» souvent de l'obscurité ; à force de subtiliser la
» pensée , ils la rendent quelquefois vague et
» confuse ; et ce désir de tout spiritualiser dans le
» sentiment, conduit à la mysticité , à l'illumi-
» nisme ; et tout en voulant quitter la terre pour
» les regions célestes , on se perd dans le vide et
» dans les brouillards. »

Il faut donc que le goût le plus sévère préside à cette alliance. Car sans ce guide infaillible, tout serait désordre et confusion ; puisque , pour me servir des expressions d'un estimable professeur

dont je m'honore d'avoir reçu des leçons, « d'après
» le système de ces novateurs, il se formerait
» autant de langues romantiques qu'il y aurait
» d'écrivains de cette couleur. Leur style nouveau
» n'étant ni cimenté par un long usage, ni rendu
» fixe par aucun code régulateur, il serait en proie
» à des schismes sans cesse renaissans, à d'éter-
» nelles variations, et finirait enfin par se détruire
» lui-même, faute de pouvoir se faire entendre
» de ses propres fondateurs. »

Adoptant les conclusions du rapport, la société
a délibéré que le prix sera décerné à l'auteur de
l'Ode à la mémoire de Henri-le-Grand, qu'un prix
de 150 fr. serait fondé pour l'idiôme gascon, et
qu'il serait décerné à la pièce intitulée : *Lou très
de May.*

Les auteurs des deux ouvrages couronnés sont
MM. Jude *Patissié*, de Grateloup, près Tonneins,
et *Jasmin*, coiffeur, de cette ville.

Nous devons ajouter que, sur leur demande, la
société a délibéré qu'elle remplacerait par des mé-
dailles le prix de 300 fr. décerné au premier, et
celui de 150 fr. accordé au second.

Sur l'invitation de M. le président, MM. *Patissié*
et *Jasmin* prennent place au bureau et donnent
lecture de leurs ouvrages que l'assemblée accueille
avec des témoignages réitérés de sa satisfaction.

LES RIVES DE LA GARONNE.

ODE. (1)

Saint-Pétersbourg, 1812.

O champs de l'Aquitaine, ô ma douce patrie,
Modeste solitude où j'ai reçu le jour,
Et toi rivage heureux dont l'image chérie
Se peint si vivement à mon ame attendrie;
Recevez aujourd'hui les vœux de mon amour.

Des lieux où s'écoula notre paisible enfance,
Combien le souvenir enchaîne notre cœur!
Non, d'un astre ennemi la cruelle influence,
L'âge, les noirs chagrins, les longs travaux, l'absence,
Ne peuvent nous soustraire à ce charme vainqueur.

Pareil à ces Hébreux que voyait Babylone
S'asseoir près de l'Euphrate, en rêvant au Jourdain,
Aux bords où la Néwa suit son cours monotone,
Je m'assieds tristement; et là, de la Garonne
L'image à mon esprit se retrace soudain.

O de l'illusion puissance souveraine!
Mille objets devant moi renaissent tour-à-tour;
J'erre par la pensée au sein de l'Aquitaine,
Je plane dans les airs, et mon regard à peine
D'un immense horizon embrasse le contour.

Sous mes pieds la Garonne, et limpide et profonde,
En silence poursuit son cours majestueux;
Elle roule à grand bruit sous le nom de Gironde,
Et je l'entends au loin, sur l'Océan qui gronde,
Verser incessamment ses flots impétueux.

---

(1) Les sentimens patriotiques exprimés dans cette ode n'altèrent en
rien les sentimens de reconnaissance que je nourris au fond de mon
cœur pour un pays où j'ai reçu une si généreuse hospitalité.

Là , je vois s'élever la cité florissante
Où d'un nectar divin coulent de longs ruisseaux ;
Bientôt s'offre à mes yeux une plaine imposante ,   (2)
Dont le sol vigoureux de toutes parts présente
Et de riches moissons et de nombreux troupeaux.

Là , j'aperçois du Lot la rive fortunée
Et ces flots qui jamais ne franchissent leurs bords ;
Ils suivent lentement une route ordonnée ,
Et s'avançant toujours , par un doux hyménée ,
Au sein de la Garonne épanchent leurs trésors.

Je ne t'oublîrai point , toi qui sous ces ombrages
Prends plaisir à cacher tes sinueux détours ;
Je remonte de l'œil tes paisibles rivages ,
Incertaine Beïse , et dans ces verts feuillages ,
Du château de Nérac je cherche en vain les tours.

Quoi ! le temps a détruit l'antique résidence
Des princes de Navarre et du meilleur des rois , (3)
De ce Bourbon , l'honneur , l'idole de la France ,
Qui par sa loyauté , sa valeur , sa constance ,
Fit refleurir les lys flétris sous les Valois !

De nombreux souvenirs consacrés par l'histoire
Peuplent ces antres frais et ces bois odorans : (4)
Là , Romas mérita de partager la gloire (5)
Du sage Américain qui , cher à la mémoire ,
Ravit la foudre au ciel et le sceptre aux tyrans. (6)

Mais quel clocher hardi frappe de loin ma vue
Et semble dominer les sites d'alentour ?
Je cède aux doux transports d'une joie imprévue :
Approchons....... Ciel ! Agen ! Agén , je te salue ;
Mon cœur à ton aspect a tressailli d'amour.

---

(2) La plaine de la Réole , l'une des plus belles plaines de France.

(3) Henri IV , dans son enfance , habita le château de Nérac.

(4) La Garenne , délicieuse promenade longée par la Beïse , offre plusieurs vestiges de monumens historiques.

(5) Romas , citoyen de Nérac , y découvrait le cerf-volant électrique dans le même temps que Franklin le découvrait à Boston.

(6) *Eripuit cælo fulmen , sceptrumque tyrannis.*

Vous voilà donc , objets de ma vive allégresse ,
Beaux lieux , dont si long-temps j'ai vécu séparé !
Ah ! lorsque dans l'Ingrie , accablé de tristesse ,
Je voyais fuir , hélas ! ma rapide jeunesse ,
Que de fois après vous n'ai-je point soupiré !

C'est ici qu'en secret la plus tendre des mères ,
En attendant ses fils , prie et veille toujours ;
C'est là , sous cette tombe , où le meilleur des pères...
O muse, qu'as-tu dit ? de mes larmes amères
Voudrais-tu maintenant renouveler le cours ?

Voici l'asile heureux , séjour de l'innocence ,
Qui vit s'évanouir ma première saison ;
Ici, durant les jours de mon adolescence ,
La langue des Romains , l'histoire , l'éloquence ,
Au flambeau de l'étude éclaira ma raison.

Dieu ! comme mon regard avidement embrasse
Ces collines , ces monts de pampres couronnés ,
Ces jardins dont l'abeille effleure la surface ,
Et ces ormes touffus balançant avec grâce
Leurs longs panaches verts aux vents abandonnés !

Qui pourrait à l'éclat de ces fécondes rives
Préférer les palais , les monumens nouveaux
Que baigne la Néwa de ses eaux fugitives ,
Les îles qu'elle enferme et les ondes captives
Que reçoit Pétersbourg dans de vastes canaux ?

Exilé , jeune encor , des champs de l'Aquitaine ,
Bien des fleuves divers ont arrêté mes yeux ;
Mais les bords arrosés par l'Eridan , la Seine ,
Le tranquille Bétis , le fougueux Borysthène ,
N'ont rien de comparable aux charmes de ces lieux.

Et vous, bosquets, vallons , solitude secrète ,
Où du repos jadis je connus les douceurs ,
Sous vos rians abris cachez votre poète ;
Et dans l'obscurité d'une aimable retraite ,
Inspirez-lui des chants avoués des neuf sœurs.

Oh ! que ne puis-je enfin , sans trouble , sans alarmes ,
Couler ici des jours par l'étude ennoblis ;

D'une profonde paix goûter encor les charmes,
Et des yeux du malheur essuyant quelques larmes ,
Cultiver ces enclos par mes soins embellis !

Mais une autre cité sous ses remparts m'appelle :
Tout-à-coup je reprends mon essor dans les airs ;
Je découvre Toulouse et vois finir près d'elle
Ce canal animant une scène nouvelle ,
Chef-d'œuvre du génie et lien des deux mers.

Enfin vers l'horizon , terme heureux de ma course ,
Je m'élance, et mon pied touche les monts fameux ,
Ces monts d'où regardant le char brillant de l'Ourse
La Garonne s'échappe , et de sa double source
Précipite les flots sur le roc écumeux. (7)

W. Duvignau.

(7) Le Gar et l'Onne formant la Garonne prennent naissance dans la
vallée de Bagnères-de-Luchon , au pied des Pyrénées , et coulent du
midi au nord.

www.ingramcontent.com/pod-product-compliance
Lightning Source LLC
LaVergne TN
LVHW022030080426
835513LV00009B/956